İş

Oluşturmak

Cep Yönderi Dizisi

Cep Yönderi Dizisi yöneticilerin iş yaşamında her gün karşılaştıkları en yaygın meydan okumalara ivedi çözümler öneriyor. Dizi içinde yer alan her kitapta, güçlü ve zayıf yanlarınızı tespit etmeye ve kritik becerilerinizi keskinleştirmeye yarayan kullanışlı araçlar, testler ve gerçek yaşamdan alınmış örnekler yer alıyor. İster masa başında, ister bir toplantıda ya da yolda olun, bu cep kitapçıkları size işinizin günlük talepleriyle daha hızlı, daha kavrayışlı ve daha etkin bir biçimde başa çıkma imkânını verecektir.

Dizinin kitapları:

- *Ekip Liderliği*
- *Toplantı Yönetimi*
- *Zaman Yönetimi*
- *Proje Yönetimi*
- *Liderlik*
- *Koçluk*
- *Geribildirim*
- *Etkili İş Yazıları*
- *Sonuç Alıcı Müzakere*
- *Etkin Sunumlar*
- *Stres Yönetimi*
- *İnsanları İkna Etmek*
- *Kriz Yönetimi*
- *Üstünüzü Yönetmek*
- *Görev Devretmek*
- *Kariyerinize Yön Vermek*
- *Bir Çalışanı İşten Çıkarmak*
- *Zor Etkileşimleri Yönetmek*
- *Bir Çalışanı İşe Almak*
- *İnovasyon Yapmak*
- *Performans Değerlendirmesi*
- *Çalışanları Geliştirmek*
- *Bütçe Hazırlamak*
- *Finansı Anlamak*
- *Değişimi Yönetmek*
- *Stratejiyi Uygulamak*
- *Performansı Ölçmek*
- *Pazarlamayı Anlamak*
- *Yaratıcılığı Teşvik Etmek*
- *Sanal Ekiplere Liderlik Etmek*

İş Planı Oluşturmak

Her Gün Karşılaştığınız Sorunlara
Uzman Çözümler

optimist

ISBN 978-605-5655-67-9
Creating a Business Plan

Optimist Yayınları
Telefon: 0216 481 29 17-18
Faks : 0216 521 10 64
e-posta: optimist@optimistkitap.com
www.optimistkitap.com

Optimist yayın no. : 227
Konu : İş-Yönetim
Çeviren : Melis İnan
Yayına hazırlayan : Cemal Engin

2. Basım : Aralık 2012, İstanbul
Düzelti : Fevzi Göloğlu
Düzenleme : Selim Talay
Baskı ve cilt : Tor Ofset San. Tic. Ltd. Şti.
Hadımköy Yolu Akçaburgaz Mahallesi
4. Bölge 9. Cadde 116. Sokak. No: 2
Esenyurt - İSTANBUL
Tel: 0212 886 34 74

İçindekiler

Yönderin Mesajı: İyi Hazırlanmış Bir İş Planının Önemi

Genç bir girişimci olan Marshall'la tanışın. Tüketim malları sektöründe devrim yaratacağını düşündüğü yeni bir teknolojiyle ilgili ilginç bir fikri var. Bu işe başlamak için, yatırım sermayesine ihtiyaç duyacağını biliyor. Şimdi de LaNita'yla tanışın. Başarılı bir işletmeyi yürütüyor ama girişimini genişletebilmek için kredi başvurusunda bulunmak istiyor. Son olarak da büyük bir şirketin marka yöneticisi olan Paul'le tanışın. Yeni bir ürün hattı fikri var ve bu hattı geliştirmek için firmanın yönetim ekibinden onay ve fon almak istiyor.

Marshall, LaNita ve Paul; üçünün de iyi hazırlanmış bir iş planına ihtiyacı var. İş planı, her birinin kendi girişimleri veya projeleri için finansal ve benzeri destek kazanmalarına yardımcı olacak bir yol haritası gibidir. İş planı aynı zamanda, hayallerine doğru ilerlerken kaçınılmaz olarak karşı karşıya kalacakları fırsat ve engelleri ele almalarına da olanak verir.

Her iş—ister yeni kurulan bir şirket, var olan bir firmanın genişlemesi, ana şirketten ayrılan bir birim, ister oturmuş bir kuruluş içindeki bir proje olsun—kendi özgün rekabetçi çevresi içinde başarıyla yol almak için bir işletme planına ihtiyaç duyar.

İş planı hazırlamak zaman alıcı bir süreçtir. Çünkü iyi geliştirilmiş bir plan çok sayıda bölüm ve kapsayıcı enformasyondan oluşur. Kendi işiniz veya projeniz için iş planı hazırlamak istediğinizde, birtakım kilit meseleler—sadece birkaçını sayacak olursak, müşterilerinizin ve rakiplerinizin kimler olacağı, bu işe ne kadar para yatırmanız gerekeceği ve ne tür ödemeler olacağı—üzerine dikkatlice düşünmeniz gerekir.

Ancak tüm bu çalışmalar yararlıdır. İyi hazırlanmış bir iş planıyla silahlandığınızda, işinizi başarıya ulaştırmak için ihtiyaç duyacağınız kaynakları ve diğer destekleri elde etme şansınız daha da artar.

Linda A. Cyr, Yönder

Linda A. Cyr, ekonomik, sosyal ve kurumsal değişiklik gündemlerini oluşturan stratejik görüşmeler için liderleri bir araya getiren bir şirket olan Tapestry Networks'ün ortağıdır. Linda'nın kariyeri akademiden iş dünyasına uzanır. En son olarak, MIT Sloan İşletme Okulunda ve Harvard İşletme Okulunda yardımcı profesörlük yapmıştır. Bu okullarda MBA öğrencileri ve yöneticiler için girişimcilik ve liderlik dersleri vermiştir. Araştırmaları ve dersleri şirketlerin iç ve dış bağlantı ağlarının finansal performanslarını nasıl etkilediğini inceler. Biyoteknoloji, tüketim ürünleri ve teknolojiden modaya uzanan konularda Harvard İşletme Okulu vakaları için yazarlık yapmanın yanı sıra *The Academy of Management Journal* ve *Enterpreneurship Theory and Practice* dergilerinde de makaleler yayınlamıştır.

İş Planı Oluşturmak: Temel Bilgiler

Başlarken

Neden iş planınız olmalı?

Her iş ve proje, hem geleceğin getireceği beklenen fırsat ve engelleri ya da beklenmedik şeyleri karşılamak, hem de işin özgün rekabet çevresinde başarıyla yol almak için bir iş planına, bir yol haritasına ihtiyaç duyar.

İş planı hazırlamak, bir iş için hazırlanma sürecinin bir *parçasıdır.* İş planı basitçe, hızlıca yazılan, bir kez elden ele dolaştırılan ve sonra da tozlu bir rafa havale edilen bir belge değildir. Bir nasıl-yapılır kitabından veya internet sitesinden alınma standart bir şablonun kısmen değiştirilmiş bir çeşidi de değildir. İş planı hazırlamak, yoğun bir şekilde odaklanılan bir uğraştır. Bu, iş konseptiniz, iş fırsatları, rekabet sahası, başarı anahtarları ve katılacak insanlar üzerine dürüst bir düşünme gerektiren bir çabadır. Analizinizin, yanıtlardan daha fazla soru ortaya çıkaracağını göreceksiniz. Dolayısıyla bu süreçteki bir sonraki adım, bu soruları yanıtlamak için araştırma yapmaktır.

Amacınız nedir?

İşinizin veya projenizin büyüklüğüne ve durumuna bağlı olarak iş planı hazırlama, geliştirme ve yazma sürecini başarıyla tamamlamak biraz zaman alabilir. Ve bir kez çalışmanız bittiğinde, kilit başarı etmenlerine dair önemli varsayımlarınızın gerçekliğe dönüşüp dönüşmediğini görmek için sık sık iş planınızı kullanmalı ve yeniden kullanmalısınız. O halde, balıklama dalmadan önce, iş planınızın hazırlanmasını şekillendirmeye yardımcı olabilecek kapsamlı bazı meseleleri düşünün. Kendinize, neden plan hazırladığınızı ve bu girişimle neyi başarmaya çalıştığınızı sorarak işe başlayın.

Eğer iş planınız, büyük bir şirketin kaynak bakımından zengin ortamında bir teklif hizmeti görecekse, pazarlama ya da faaliyet planları gibi belli bölümleri, diğer bölümlere göre kısa ve daha az geliştirilmiş olabilir. Ancak kaynak bakımından kıt bir ortamda olduğunuzu ve planı, risk sermayedarlarından para almak için kullanacağınızı varsayın. Bu durumda, söz konusu okurların anahtar olarak göz önünde bulunduracağı fırsat, rekabet gücü analizi, yönetim ekibi ve finansal beklentiler gibi bölümlere odaklanmalısınız.

Kime sesleneceksiniz?

Planınızı kimlerin, neden okuyacağını bilin. Farklı okurlar ya da dinleyiciler iş planında farklı enformasyonlar arayacaktır. Okurlarınızın kimler olacağı konusunda net olursanız, onlara en önemli olduğunu düşündükleri enformasyonu sağlayabilirsiniz.

Eğer teşebbüsünüz büyük bir kuruluş içindeyse, planınız, sermaye yatırım kararlarını veren yönetim kuruluna

SİZ Olsanız Ne Yaparsınız?

Plan mı? Ne Planı?

Kyla, yelkenli tekne işini genişletebilmek için kredi almak istiyordu. Hedefi, büyük bir sermaye yatırımı yapmak ve yeni bir pazara girişini finanse etmeye yetecek bir fon elde etmekti. Kredi yetkilisi, Kyla'nın işinin nakit akışını belgeleyen ifadeleri gözden geçirdi ve Kyla, yüksek kaliteli yelkenli teknelere artan talebi anlatırken notlar aldı. Daha sonra da iş planının bir kopyasını istedi. İş planı mı? Zaten başarılı bir şirketi varken—ve basit bir şekilde onu genişletmek isterken—neden bir iş planına ihtiyaç duyacaktı ki? Kredi yetkilisini, kendisine para vermesi için nasıl ikna edebilirdi?

veya yönetim komitesine yönlendirilecektir. Eğer teşebbüsünüz bir girişimse, okurlarınız bankalar veya yatırımcılar olabilir. Bankalar, geri ödeme dönemlerine ve nakit akışı verilerine bakarak kredinin risk durumunu göz önünde bulunduracaktır. Öte yandan yatırımcılar, başa baş noktalarını ve yatırım getirisinin ne olacağını bilmek isteyecek; daha çok işin uzun vadedeki potansiyeliyle ilgileneceklerdir.

Her durumda zeki bir dinleyici, işinizin değerini yalnızca finansal yönlere değil aynı zamanda bir bütün olarak planınızın sağlamlığına—pazardaki fırsata, sunacağınız farklılaştırılmış ürün veya hizmete, katılacak insanlara, rekabet durumuna ve en önemlisi finansal getirilerin ne olacağına—bakarak göz önünde bulunduracaktır.

Kendi kendinize, farklı türde okurlardan ne beklediğinizi sorun. Kurumsal bir onay damgası mı, yoksa üst düzey yönetimin aktif desteğini mi istiyorsunuz? Sadece fon mu, yoksa diğer yatırımcılarla veya diğer iş ortaklarıyla bağlantılar mı istiyorsunuz? Geri ödenmek üzere kredi mi istiyorsunuz, yoksa mülkiyeti ve kârları paylaşmaya mı isteklisiniz?

Hangi enformasyona ihtiyaç duyacaksınız?

Planı bir araya getirmeye başlamadan önce, ihtiyaç duyduğunuz tüm enformasyona sahip olup olmadığınızı belirleyin. Başta bazı araştırmalar yapmanız gerekebilir. Sözgelimi, ürününüzün gerekli üretim maliyetlerini doğruladınız mı? Ofis alanı seçeneklerini gözden geçirdiniz mi? Rekabet gücü analiziniz tamamlanmış ve güncel mi? İşiniz için en uygun yasal yapıyı seçtiniz mi?

Bu tür enformasyon için—kimi basit ve ucuz olan kimi de keşfedilmesi zaman ve para alan—pek çok kaynak vardır. Pazar araştırması profesyonelleri kiralamadan önce, kolaylıkla erişilebilen şu kaynakları kontrol edin:

- Yerel kütüphaneniz
- Yerel ticaret odanız

- İnternet—özellikle KOBİ geliştirme siteleri
- Ekonomiyle ilgili bakanlıklar
- Sektör yayınları ve profesyonel dergiler
- Fuarlar
- Rakipleriniz

Enformasyon İhtiyacınızı Belirlemek İçin Atacağınız Adımlar

1. **Temel bir iş planının unsurlarını gözden geçirin.** Hangi parçaların tamamlandığını ve hangi parçaların daha fazla dikkat gerektirdiğini belirlemek için büyük resme bakın. Ticari teşebbüsünüze bağlı olarak, iş planınızın bazı parçalarına diğerleri kadar dikkat ayırmak gerekmeyebilir.
2. **İhtiyaç duyduğunuz enformasyon kategorilerini tanımlayın.** İş planınızı geliştirdiğinizde, rekabetçi sektörün daha geniş bir resmine bakmak için geriye doğru bir adım atmadan kendi işinize odaklandığınızı fark edebilirsiniz. Sözgelimi, kendi ürününüzü üretmekle ilgili ihtiyaç duyduğunuz tüm enformasyona sahip olabilirsiniz, ama rakiplerinizin üretim maliyetlerini bilmiyorsunuzdur. Bu enformasyon, ürününüzün maliyet rekabet gücünü garanti altına almak için önemlidir.
3. **Elinizdeki önemli enformasyonu belirleyin.** Zamanınızı ve çabalarınızı bitmiş çalışmalar için harcamayın. Belli kritik alanlardaki tamamlanmış enformasyonunuzu denetlemek,

enerjinizi, daha fazla çalışma gerektiren alanlara ayırmanıza olanak verecektir.

4. **Elde etmeniz gereken enformasyonu belirleyin.** İhtiyaç duyduğunuz kritik enformasyon alanlarına odaklanın. Tipik olarak bu alanlar, uzmanlığınızın dışında olurlar. Sözgelimi bir pazarlamacıysanız, finans ya da üretim enformasyonu eksik olabilir. Enformasyon ihtiyaçlarını belirlemek için yardım alın. Boşluklar genellikle alışılmamış bölgelerde yattığı için, hangi enformasyona ne kadar ihtiyaç duyacağınızı belirleme sürecinde size kılavuzluk etmesi için ekibiniz içinden birini bulun veya bir danışman kiralayın.
5. **Enformasyonu nereye ve nasıl sunacağınızı araştırın.** Birçok bakımdan enformasyona erişim gitgide daha kolaylaşıyor. İnternet, bir tuşla enformasyon sağlayıp katlanarak büyümeye devam ediyor. Devletle, sektörle, pazarlamayla ve şirketle ilgili enformasyon içeren internet sitelerini bulmak için arama motorlarını kullanın.

Şöyle YAPABİLİRSİNİZ

Kyla'nın kredi yetkilisiyle toplantısını hatırladınız mı?

Yönderiniz şöyle bir çözüm öneriyor:

Kyla, oturmuş, başarılı bir şirket yönetiyor olsa bile, bir iş planı hazırlamak için zaman ayırmalıdır. İş planı, aslen işinizin ayrıntılı bir tasarısı, iş konseptinizi, iş fırsatını, rekabet sahasını, başarının anahtarlarını ve dahil olan veya olacak insanları ana hatlarıyla ortaya koyan ayrıntılı bir kılavuzdur. Bir iş planı hazırlayıp yazmak zaman alıcı bir süreçtir, ama bu çabaya değer. Bu, para ödünç almak veya yeni bir ürün ya da hizmetin piyasaya sürülmesinde destek toplamak istediğinizde kullanılacak önemli bir satış aracıdır.

İş Planının Anatomisi

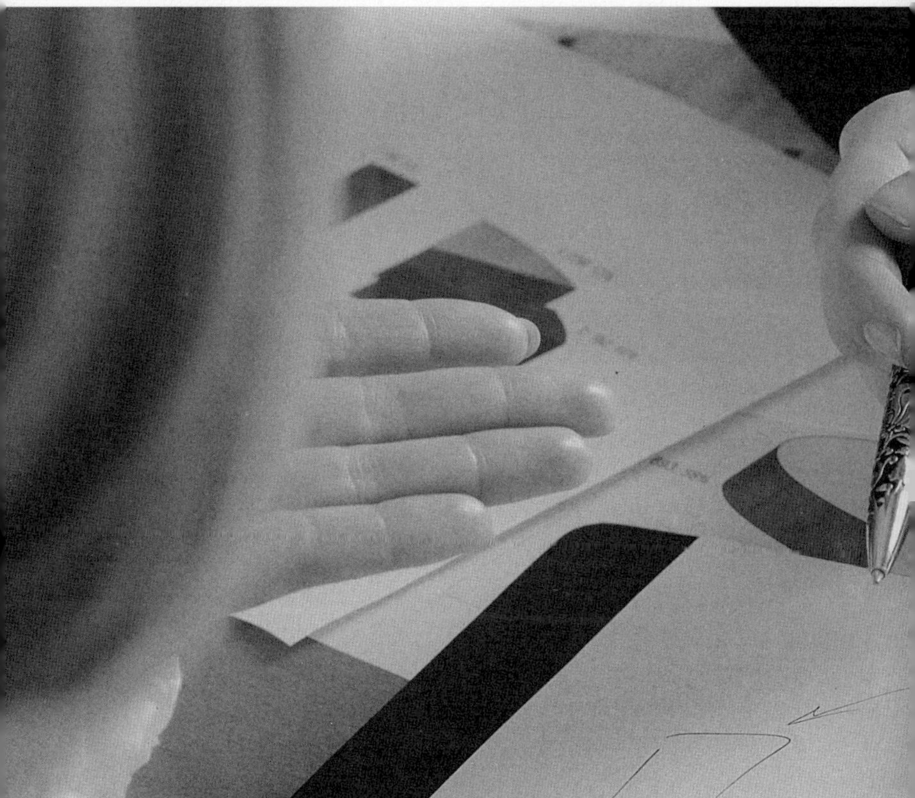

Açılış, gövde ve ekler

En yaygın iş planının yapısı, kısa, genel özetlerden daha ayrıntılı açıklamalara doğru ilerler. O halde, açılış bölümleri—yönetici özeti ve işin tarifi—işe dair kısa ve öz genel bakışlardır. Planın gövdesi, işin temel unsurlarına ve endişelerine dair—işinizin *kim*, *nasıl*, *ne* ve *nerede*si—çok daha etraflı tarifler içerir. Sonda yer alan ekler, en ayrıntılı enformasyonu—finansal veriler, yönetici özgeçmişleri ve benzerleri—içerir.

İş planının tipik yapısı

İş planlarının çoğu, şu bileşenleri içerir:

- Kapak sayfası ve içindekiler listesi
- Yönetici özeti
- İş tarifi
- İş çevresi analizi
- Sektör arka planı
- Rekabet gücü analizi
- Pazar analizi
- Pazarlama planı

- Faaliyet planı
- Yönetim özeti
- Finansal plan
- Ekler ve kilometre taşları

Elbette, tüm iş planları tam tamına bu modeli takip etmez. Bir plan bazı unsurları birleştirebilir, yeni bölümler ekleyebilir ve diğerlerini çıkarabilir. Ancak, belli bir iş için okurlarınızın bilmesi gereken kritik enformasyon mutlaka yer almalıdır.

Sözgelimi, bu kılavuz boyunca örnek olarak kullanılacak Özel İletişim Şirketi'nin (ÖİŞ) iş planı, yukarıda listelenen tüm bileşenlere sahiptir. Yine de, ÖİŞ'nin planında pazarlama planı ve faaliyet planı, bir bölüm altında birleştirilmiştir.

İş planının yapısındaki farklılıklara rağmen tüm iş planları, fırsatın tarifini, içeriği ve finansal riskle ödülü bünyesinde barındırır.

Kapak Sayfası ve İçindekiler Listesi

Kapak sayfasını hazırlamak

Kapak sayfanızın, gelecek şeylerin işaretini verdiğinden emin olun. Kapak sayfası, dinleyicilerinizin göreceği ilk şeydir; okurların, hikâyeyi atlamaya ya da okumaya devam etmeye karar vermek için ihtiyaç duydukları hızlı enformasyonu veren bir gazete başlığı gibidir. Olumlu bir ilk izlenimi garantilemek için kapak sayfanız:

- Temiz ve profesyonel bir görünüme sahip olmalıdır
- İş veya projenin ismini içermelidir
- Adınızı ve iletişim bilgilerinizi vermelidir
- Şirketinizin logosu veya amblemini sunmalıdır

İçindekiler listesini oluşturmak

Planın bir sonraki sayfası olan içindekiler listesi, okurların bir bakışta hangi konuların kapsandığını bilmesine olanak veren başka türde bir başlıktır. Okurlarınız, kapsayıcı olup olmadığını—yani, tüm önemli konuların listelenip listelenmediğini—görmek için içindekiler listesini denetleyecektir. Planınızın manevra kabiliyetini de—yani, plana bir göz gezdirmenin ve okumak istedikleri bölümleri hızlı bir şekilde bulmalarının ne kadar kolay olduğunu—not edeceklerdir.

Yönetici Özeti

Yönetici özeti, bir okurun teklifle ilgili hızlı bir karar vermek için kullanacağı tek bölüm olabilir. Bu yüzden okurunuzun beklentilerini gidermelidir. Yönetici özeti, iş planının ana noktalarının kısa ve öz bir sunumudur; iş teşebbüsünün kısa bir genel bakışını veren bir tür özettir.

Doğru enformasyonu katmak

Yönetici özetinize hangi enformasyonu katabilirsiniz? Yönetici özeti, mümkün olduğunca kısa ve öz olarak şunları tarif etmelidir:

- Fırsatın ortaya çıkıp gelişeceği **sektör ve pazar çevresi.**
- **Özel ve özgün iş fırsatı**—ürün veya hizmetinizin çözeceği müşteri sorunu.
- **Başarı için anahtar stratejiler**—ürün veya hizmetinizi rakiplerinizin sunduklarından ne farklılaştırıyor. Şirketinizin bu ürün veya hizmetle pazarda nasıl ilk olacağını veya şirketinizin rakiplerinden daha etkin bir dağıtım kanalına nasıl sahip olacağını ya da teşebbüse nasıl stratejik ortaklar kazandığınızı belirtin.

- **Finansal potansiyel**—işin öngörülen riski ve ödülü.
- **Yönetim ekibi**—sonuçları elde edecek insanlar.
- **Talep edilen kaynaklar veya sermaye**—okurlara, ister sermaye isterse de başka kaynak olsun, onlardan ne kazanmayı umduğunuzu belirten açık bir ifade.

Resmi yönetici özetleri

En dolaysız biçimiyle yönetici özeti, şirket olgularını sunan resmi bir bildiridir. Yasal bir belgenin parçası olarak Özel İletişim Şirketinin (Şirkete Genel Bir Bakış diye adlandırılan) yönetici özeti, resmi tipe bir örnektir.

Şirkete Genel Bir Bakış

Özel İletişim Şirketi ("ÖİŞ"), Florida Eyaleti yasaları altında 8 Kasım 2007 tarihinde şirketleşmiştir. Genel merkezi Kaliforniya Berkeley'dedir. Şirket, aşağıda ayrıntılarıyla tarif edilecek olan özgün telefon hizmeti ürününü geliştirme ve pazarlama amacıyla kurulmuştur. Şirket, vergi bakımından "S Şirketi" olarak nitelendirilmek için Gelirler İdaresine, mali gelirler yasasının ilgili hükümleri gereğince talepte bulunmuştur. Şirket bu şekilde nitelendirileceğini öngörse de, henüz onay belgesini almamıştır.

Şirket, Edward R. Defty ile Andrew P. Laszlo tarafından kurulmuştur ve kurucular, Paul Hoff ve Ann Meceda ile birlikte şirketi aktif olarak yönetmektedirler. Yönetim ekibi, Cohen, Berke, Bernstein, Brodie&Kondell, P.A., Florida Miami'de bulunan bir ticaret hukuku firmasının belli üyeleriyle birlikte şirketin ihraç edilmiş ve ödenmemiş hisse senetlerinin %100'üne sahiptir.

Şirket, insanların anonim kalarak ve mahremiyet içinde sıradan bir telefondan konuşup sosyalleşmelerine olanak vermek için tasarlanmış özgün bir ürün (Ürün) geliştirmiştir. İnsanlar, kendi telefon numaralarını, gerçek kimliklerini veya diğer kişisel bilgilerini açık etmek zorunda kalmadan açık bir şekilde birbirleriyle görüşebilirler. Ürün, ilk olarak online sohbet odalarıyla online ve offline arkadaş bulma hizmetlerinin kullanıcılarını hedeflemektedir. Genel olarak, özel online hizmet sunucularıyla (OHSler), internet hizmet sunucularıyla (İHSler), sohbet odalarıyla ve arkadaş bulma hizmetleriyle kurulacak stratejik iş ortaklıklarıyla pazarlanacaktır. Ek olarak şirket, internet ve daha geleneksel yazılı basın üzerinden hedeflenmiş reklamlar yoluyla ürünü tanıtacaktır.

Şirket, ürünün piyasaya sürülme tarihini, halen sürdürülmekte olan beta testinin tamamlanmasının ardından 2008 Nisan ayının başı olarak programlamıştır.

Misyon ifadesi olarak yönetici özetleri

Yönetici özetinin amacı, okura teklife dair hızlı bir kavrayış vermektir, ama okurun işe ilgi duymasını sağlamayı da amaçlayabilir. Bu tip bir yönetici özeti, yoğun bir özetten çok, izleyiciyi okumaya devam etmeye ve büyük resmi görmeye teşvik eden bir film fragmanı gibi işlev görebilir. İşe dair bir önsezi hissi yakalayabilecek şey, misyon açıklamasıdır. Misyon açıklaması, tek bir kısa cümle içinde fırsatı ve işin felsefesini ifade etmelidir.

Sözgelimi, Özel İletişim Şirketi'nin misyonu şöyle olabilir: "Tüketicilere, bir yandan kullanıcıların özel hayatını korurken diğer yandan telefon iletişiminin tüm faydalarını sağlayan özgün bir telefon hizmeti sunmak."

İş Tarifi

İş tarifi başka bir özettir, ancak işinizin tarihi, temel doğası ve amacına dair kısa ama bilgilendirici bir resim sunarak daha doğrudan bir şekilde iş konseptine odaklanır. İş amaçlarının ne olduğunu ve işin neden başarılı olacağını net bir şekilde ifade etmelidir.

İşinizi tanıtmak

İş tarifi size işinizi, özgün nitelikleri ve ürün veya hizmetinizi olumlu iş çevresi bağlamında tanıtma şansı verir. Burada, konseptinizin neden heyecan verici olduğunu açıklığa kavuşturacak ilgili arka plan enformasyonunu verebilir ve işi başarıya ulaştırma konusunda taahhüdünüzü ve kapasitenizi ifade edebilirsiniz. O halde, iş tarifinin amaçları şunlardır:

- İş konseptine dair kendi kavrayışınızı net bir biçimde ifade etmek
- Teşebbüse dair coşkunuzu paylaşmak
- İş teşebbüsünün gerçekçi bir resmini sunarak okurların beklentilerini karşılamak

İpucu: İş planını hazırlamaya başlamada önce iş tarifinizi yazın, ardından planı bitirdikten sonra iş tarifini yeniden yazın. Bu, iş planını yazma sürecinde değişmiş ya da gelişmiş olabilecek alanları açıkça belirtmenize yardımcı olacaktır.

Doğru ayrıntıları birleştirmek

İş tarifinin içine neler girer? İş hakkında şu enformasyonu verin:

- Konsept veya işin tarihinin ne olduğu (Tasarım masası üzerinde mi, başlangıç aşamasında mı yoksa genişlemeye mi hazır?)
- İşin hangi pazarlara hizmet vereceği
- Ne tür bir iş olduğu (imalat, perakende, hizmet işi)
- Ürün veya hizmetin ne olduğu
- İnsanların neden onu kullanacağı (Ürün veya hizmet, müşterilerin hangi sorununu çözecek?)
- Finansal durumunun ne olduğu

Aşağıdaki enformasyonu da ekleyebilirsiniz:

- İşi kimin yöneteceği (sektöre aşina olan okurlar en çok ekipteki insanların nitelikleriyle ilgilenecekleri için yönetim ekibinin beceri ve deneyimlerini vurguladığınızdan emin olun)
- İşin yapısının ne olduğu (ortaklık, anonim şirket, bağlı şirket)
- İşin nerede kurulacağı

İpucu: İş tarifinizde coşkulu olun. Burası, konseptinizin değerini—işin neden yankı uyandıracak bir başarı getireceğine inandığınızı—sunacağınız bölümdür.

Ürün veya hizmetinizin altını çizmek

Bazı durumlarda ürün veya hizmet o kadar alışılmadık ya da tekniktir ki, ne olduğunun ve nasıl işlev gördüğünün açıklanması için kendine özel bir bölüm hak eder. Ayrı bir bölüm, sunuyu farklılaştıran belli özelliklerin ve özgün noktaların altını çizecektir.

Sözgelimi, takip eden iş tarifi içinde Özel İletişim Şirketi, ilave olarak etraflıca bir ürün tarifi de sunmuştur.

Ürün Tarifi

Şirket, tüketicilerin, sıradan telefonlar kullanarak ve hiçbir tarafın gerçek telefon numaralarını açığa vurma riski almadan, çift taraflı telefon konuşmaları yapmalarına olanak veren özgün bir telefon hizmeti geliştirmiştir.

ÖİŞ'nin ilk ürünü olan directReach, 2008 Nisan ayında piyasaya sürülecektir. Ürün, karmaşık bir anahtar sistemi ve özel bir yazılım kullanarak, müşterilerin belirlenmiş herhangi bir telefon hattı üzerinden, ücretsiz bir numara ve özel bir iç hatla arama gerçekleştirmelerine olanak verir. Ürün, hedef son kullanıcıların ihtiyaçlarına hitap eden üç önemli fayda sağlar: gizlilik, esneklik ve kullanışlılık.

Ürün, birden çok iç hattı, çeşitli arama-işlem seçeneklerini ve sesli mesajı destekleyen çok-özellikli bir arama-yönetimi hizmetidir. Müşteri bir hesap açtığında kendisine, ev, ofis kişisel bir iç hat numarası verilir. Müşteri, diğer kişilere directReach ücretsiz numarasıyla bağlantılı iç hat numarasını vererek, telefon aramaları alabilir ve tümüyle gizli, anonim bir telefon görüşmesi yapabilir.

Hizmet, müşteriye, kendi özgün ihtiyaçlarını karşılamak için bu hizmeti yapılandırma olanağı vererek, tümüyle isteğe göre uyarlanabilir. Kullanıcı, ürünün tüm özelliklerini, internet üzerindeki tam bir yönetim sistemi veya kullanımı-kolay İnteraktif Ses Yanıt (İSY) telefon ara yüzü yoluyla kendisi kontrol eder. Bu kontrol sistemiyle müşteri kolaylıkla:

- Kredi kartı kullanarak kayıt yapıp ürünü aktifleştirebilir
- Alınan herhangi bir numarayı belirleyip bu numarada herhangi bir zaman değişiklik yapabilir

- Farklı alınan numaraları farklı zamanlarda programlayabilir
- Bir iç hatta son verip yeni bir iç hat alabilir
- Sesli mesajı kendine göre uyarlayıp yeni mesajları denetleyebilir
- Hesap kullanımını gözden geçirip aylık arama planlarını değiştirebilir

Yazılım programı ve ürün tasarımının mülkiyet hakkı ÖİŞ'ye aittir. Bu, şirkete, kullanım kolaylığı, esneklik ve uygunluk gibi önemli özellikleri hem arayana hem de müşteriye sunma imkânı verir. Müşteri, kullanımı kolay bir ara yüz yoluyla tüm özelliklere erişerek, aldığı tüm aramalar üzerinde tam bir kontrole sahip olabilir. Arama seçenekleri numarasını değiştirme yeteneği müşterilere, hizmeti her gün kendi programlarına ve ihtiyaçlarına göre uyarlama olanağı verir. Ek olarak, müşteriler ve yakınları, ilk olarak çağrıyı önceden ayarlamak veya düzenlemek zorunda kalmadan birbirlerini her zaman arayabilirler.

İpucu: İş tarifini yazarken, teşebbüse duyduğunuz coşkuyu, dahil olan risk ve maliyetlerle ilgili ölçülmüş bilgilerle dengeleyin.

İş Çevresi Analizi

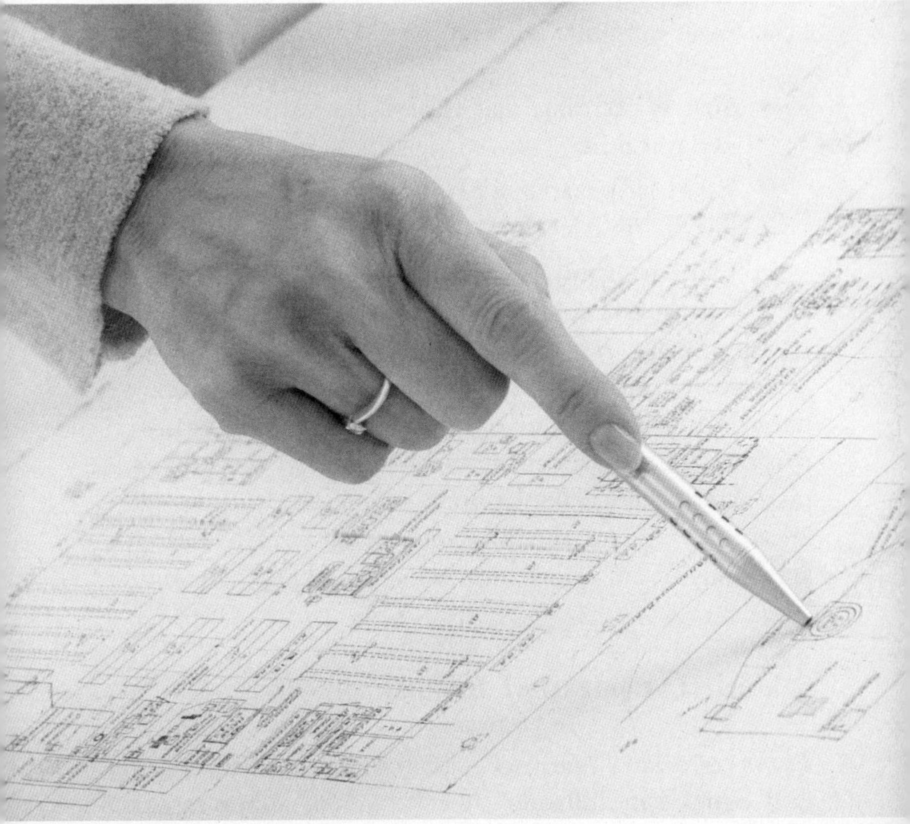

Sektörü, rekabeti ve işinizin büyüyeceği pazarı anlamak, sağlam bir iş planı geliştirmenin temelidir. Çalışmanız, gerçek bir müşteri sorununu çözen gerçek bir fırsat tespit ettiğinizi gösterecektir. Analizin sonucu:

- Size, iş çevresine dair eksiksiz bir kavrayış sağlayacaktır
- Etkin bir pazarlama planı geliştirmede size kılavuzluk edecektir
- Okurları, iş teşebbüsünüzün gerçekçi potansiyeli konusunda ikna edecektir

İş çevresi analizinin amacı, okurlara, bu sektördeki ve pazardaki iş fırsatının ne olduğunu göstermektir. Müşteri için çözdüğünüz sorun nedir? Hangi acıyı dindiriyorsunuz? Müşterilere, rakiplerinizin ürünlerini değil de sizinkileri satın almaya teşvik edecek hangi özel teknolojiyi, yeni bakış açısını veya özgün konsepti teklif ediyorsunuz?

Sektörleri ve pazarları anlamak

Pazar çoğu kez, bütünsel iş çevresinin çeşitli unsurlarını tarif etmek için kullanılır. Ancak burada, *sektör* ve *pazar* terimleri, geniş anlamda iş çevresinin birbirinden ayrı ama çakışan bölümlerini tarif etmek için kullanılmıştır. Sektör, pazara ürünler veya hizmetler üretip satan şirketler grubudur. Pazar ise, ürün veya hizmetinizin satılacağı yerdir. Sektör, hem meslektaşlarınızı hem de rakiplerinizi tanımlar; pazar, fırsatınızı ve müşterilerinizi belirler. Kesişim alanı—müşteri ihtiyacıyla ürün veya hizmetin karşılaştıkları o alan—iş fırsatınızı temsil eder.

SEKTÖR: Belli bir pazara ürünler veya hizmetler üretip satan şirketler grubu

---

Doğru soruları sormak

İş çevresini analiz etmek için şu soruları sorun:

- **Sektör nedir?** Sektörü hangi özellikler tanımlar? Sözgelimi sektör, koşu ayakkabıları da dahil ayakkabılar mı imal ediyor? Bilgisayar eğitimi için yazılım mı üretiyor? İşletmelere geçici istihdam hizmetleri mi sağlıyor?
- **Bu sektör içindeki rakipleriniz kimler?** Hangi şirketler, pazarınızdaki müşterilere aynı ya da benzer ürün veya hizmetleri satıyor? Hangi şirketler, önerdiğiniz ürün veya hizmetin

karşılayacağı ihtiyaçları karşılayan başka sunular satıyor?

- **Pazar nedir?** Sözgelimi pazarınız, Boston veya Paris gibi coğrafi olarak tanımlanmış olabilir veya genç pazarı, maraton-koşucuları pazarı veya bilgisayar-kullanıcıları pazarı gibi demografik olarak tanımlanmış olabilir.
- **Bu sektör içindeki müşterileriniz kimler?** Bir ürünü, doğrudan gençlerin kendilerine mi, ebeveynlerine mi yoksa gençlere satış yapan giyim perakendecilerine mi satıyorsunuz?

Bu soruların yanıtlarını, iş planının sektör arka planı, rekabet gücü analizi ve pazarlama analizi bölümlerinde sunacaksınız.

İpucu: İş çevresi analiziniz için araştırma yaparken, önce en erişilebilir kaynakları denetleyin. Bu yolla, dışarıda dolaşan tüm o enformasyonun altında ezilmezsiniz. Ve iş teşebbüsünüz için ihtiyaç duyduğunuz enformasyonu bulmaya odaklanmış olarak kalırsınız.

Sektör Arka Planı

Sektör arka planı bölümü okurlarınıza, sektörün biçimini, boyutunu, eğilimlerini ve kilit özelliklerini anlamak ve ürün veya hizmetinizin bu sektöre nasıl oturacağını anlamak için enformasyon sağlar.

Mevcut ürünleri ve hizmetleri tanımlamak

Sektörün şu anda ürettiği ürünler veya hizmetler neler? Planınızın sektör arka planı bölümünde bu enformasyonu sunmak için kendinize şu tür sorular sorun:

- Bu sektörün kuşattığı ürün veya hizmetler aralığı nedir?
- Bu, bir elektronik sektörü mü, yoksa televizyon-imalatı sektörü mü?
- Bu bir yiyecek sektörü mü, yoksa kahvaltılık gevrek hazırlama sektörü mü?

Sektörün boyutlarını belirlemek

Sektörün büyüklüğü ve biçimi nedir? Şöyle sorular sorun:

- Sektörün üretim kapasitesi, birim satışları ve genel kârlılığı nedir?

- Sektör, coğrafi olarak mı yayılmış, yoksa hammadde kaynaklarının yakınlarında veya verimli bir dağıtım için son kullanıcıların yakınlarında mı yoğunlaşmış?

Önemli eğilimleri tespit etmek

Sektörde ortaya çıkan önemli eğilimler nelerdir? Bunları tespit etmek için şunları sorun:

- Tahmin edilen büyüme oranı ne?
- Hangi yeni büyüme biçimleri ortaya çıkıyor?
- Gelecekteki büyümeye hangi etmenler katkıda bulunabilir?
- Sektör, pek çok küçük rakibi içererek parçalanmış durumda mı?
- Sektörü, birkaç büyük rakip mi kontrol ediyor?
- Teknolojiyle birlikte hızlı bir şekilde mi ilerliyor, yoksa istikrarlı ürün veya hizmetler sunan geleneksel bir sektör mü?

İpucu: Önemli eğilimleri tespit ederken kaynaklarınızı belgeleyin. Araştırma aşamasında iyi bir kayıt tutulursa, kısa ve uzun vadede bu işe değecektir.

Giriş engellerini önceden görmek

Bu sektöre girmenizin önünü kesecek engeller nelerdir? Bu engelleri önceden görmek için şunları sorun:

- Bu sektöre girmek, hangi kaynakları, bilgiyi veya becerileri gerektiriyor?
- Ürün veya hizmetlerin sunulmasıyla ilgili kısıtlayıcı ulusal veya uluslararası düzenlemeler, büyük sermaye ihtiyaçları veya çok yönlü teknolojik bilgi alanları var mı?

Özel İletişim Şirketi'nin örneğinde sektör arka planı, son dönemlerde internette yer alan sohbet odaları fenomeninin kısa bir tarihini sunar. ÖİŞ'nin işinin büyüme potansiyelini belirtmek için, girişimci Andy Laszlo, sohbet odalarının hızlı gelişimini ve arkadaş bulma hizmetleri gibi başka olası nişleri anlatır.

Sektör Arka Planı

1995'ten başlayarak, internet kullanımının popülerliği hızlı tırmanışına başladı. Bu tırmanışı kısmen, internete erişimi kolay ve ucuz bir hale getiren kullanıcı-uyumlu tarayıcıların tanıtımına borçluydu. İnternet kullanımındaki hızlı büyümeyi ateşleyen diğer etmenler arasında büyük ve artan PC kurulu sistemleri, PC'lerin ve modemlerin performansındaki ilerlemeler ve bilgisayar ağı altyapısındaki gelişmeler bulunuyordu. İnternet kullanımı, 1994'ün sonunda 1 milyon kullanıcıdan 2006'da kabaca 170 milyon kullanıcıya çıktı.[1]

Sohbet odaları, internet kullanımında popülerlik kazanan ilk uygulamalardan biriydi. Sohbet odaları, insanların kendi bilgisayar klavyelerinde yorumlarını yazarak diğer katılımcılarla konuşmalarını anonim tutabildikleri sanal topluluklardır. Bazı siteler tümüyle sohbete ayrılırken diğerleri sitelerinin bir parçası olarak ayrı sohbet odaları sunar.

Sözgelimi, ESPN internet sitesi, katılımcıların oyuncularla veya oyun analistleriyle sporla ilgili belli konuları tartışabildikleri çok sayıda farklı sohbet odası sunar. Arama motorları da kullanıcılara, dizi yıldızları, yazarlar ve diğer ünlü kişilerle zamanı belli konuşmalar sunmaya ek olarak çok sayıda genel konu üzerine her zaman sohbet etme fırsatı sunmaya başlamıştır.

Pek çok sohbet odası, aynı zamanda kullanıcılara, daha özel konuşmalar yapmak için "özel sohbet odalarına" geçme imkânı da verir. En büyük online hizmet olan Amerika Online (AOL), 14.000 sohbet odasıyla günde 1 milyon saat sohbetten fazlasına ev sahipliği yapar.[2]

Pek çok internet sitesine, sitede bir trafik oluşturmanın ardındaki kilit dürtü olduğuna inanıldığından dolayı, site etrafında bir topluluk duygusu inşa etmek için sohbet odaları ekleniyor. Aslına bakılırsa çalışmalar, bir internet sitesine sohbet odası eklemenin trafiği yüzde 50 kadar artırabildiğini ve sohbet odası kullanıcılarının sohbet odası kullanmayanlardan dört kat daha uzun süre bir sitede kaldığını göstermiştir.[3] Pek çok sektör analisti, sohbet odası kullanımının internet kullanımından bile daha hızlı büyüyebileceğini öngörmektedir. Önde gelen analizlerden biri, 2006 yılında 7,9 milyar saat online sohbet olacağını öngörmüştür.[4]

Sohbet odalarına ek olarak, online eşleştirme hizmetleri de oldukça popülerleşmeye başladı. Bu hizmetler, katılımcıların kişisel profillerini gönderip, potansiyel olarak ilgi çekici eşler bulmak üzere bir sitenin veri tabanında diğer katılımcıların kişisel profillerini tarama olanağı sağlar. Bazı siteler tümüyle online eş-bulmaya ayrılırken diğer siteler, eşleştirme hizmetini pek çok seçenekten biri olarak sunar. PCC, 2006 yılında online eşleştirme hizmeti kullanıcılarının 300.000'in oldukça üzerinde olacağını tahmin ediyor.

Sohbet odalarına ve eşleştirme hizmetlerine duyulan ilgi büyüdükçe, kişisel gizlilikle ilgili endişeler de büyür. Bilgisayar ağlarında depolanan gizli kişisel bilgileri barındıran veri tabanlarına, bazen sadece kişinin Sosyal Güvenlik numarası veya telefon numarası kullanılarak erişilebiliyor. Endişe büyüdükçe, bilgisayar ve telekomünikasyon güvenliğini geliştirecek ürünler satmak üzere çok sayıda şirket ortaya çıkmaktadır.

1. Uluslararası Veri Şirketi.
2. *Business Week,* 5 Mayıs, 2003.
3. a.g.e.
4. *Advertising Age,* 5 Ağustos, 2004.

Rekabet Gücü Analizi

Rakipler, bir sektör içinde benzer ürün veya hizmetler üreten şirketler olabilirler. Tıpkı, motosiklet sektöründe motosikletler üretenler gibi. Veya aynı tüketici sorununu çözen ancak farklı sektör kategorisine giren ürün veya hizmetler üreten, rakip sektörlerdeki şirketler olabilirler. Sözgelimi, eğer çözülen sorun bir arabaya sahip olup onu kullanmaya göre daha düşük maliyetli bir alternatif buluyorsa, bir motosiklete sahip olup onu kullanmak ya da toplu taşıma araçlarını kullanmak rakip çözümler olacaktır. İş planınızın okurları, iş teşebbüsünüzün doğrudan ve potansiyel rakiplerinin kimler olduğunu bilmek isteyeceklerdir, çünkü bu rakipler teşebbüsünüzün başarısına bir tehdit oluştururlar. Rakiplerinizin kimler olduğunu anlamak, işinizin başarısız olma riskini azaltabilir.

Rakiplerinizi tespit etmek

Rakipleriniz kimler? Hangi şirketlerin, müşteri için sizin çözmeye çalıştığınız sorunlarla aynı sorunları çözdüğü açısından düşünün. Büyük rakipleri, ürün ve hizmetlerini ve güçlü ve zayıf yanlarını tespit edin. Rakiplerin her biri ne kadar bir pazar payını kontrol ediyor? Pazarlama stratejileri ne? Kilit başarı unsurları ne? İş planınızın bu bölümünde, tüm yanıtları belgeleyin.

İpucu: Dünyanın sürekli değiştiğini unutmayın—rakip araştırması süre giden bir süreçtir.

İşinizi rakiplerinizden ayırt etmek

Ürün veya hizmetinizi rakiplerinizin sunduklarından farklılaştıran şey nedir? Bu soruyu yanıtlamak için, bir müşteri ihtiyacına yeni, kullanışlı ve özgün bir yolla nasıl karşılık verdiğinizi belirleyin. Sözgelimi, tüketicilere bir ürün satmayı planlıyorsanız, ürününüzün kullanımı, pazardaki benzerlerinden çok daha kolay mı olacak? Veya büyük şirketlere hizmet vermeyi düşündüğünüzü farz edin: hizmetiniz, müşteri firmalarınızın rakiplerinizin hizmetlerine göre daha fazla tasarruf etmesine ya da daha büyük verimlilik elde etmesine yardımcı olacak mı?

Rakiplerden gelecek tehditlere değer biçmek

Rakipleriniz, teşebbüsünüz için ne kadar tehdit oluşturuyor? Ürünlerinin güçlü marka tanınırlığının keyfini mi sürüyorlar? Yeni bir rakibin girişini saldırgan bir biçimde engelleyecekler mi? Size özel farklılaştırıcı nitelikleri fark edip kendi ürün veya hizmetlerine uyarlayacaklar mı?

Özel İletişim Şirketi'nin rekabet gücü analizi rekabeti tespit edip ÖİŞ'nin rekabet üstünlüklerine—elverişlilik, esneklik ve stratejik iş ortaklıkları dahil olmak üzere—vurgu yapar.

SİZ Olsanız Ne Yaparsınız?

Dost mu, düşman mı?

Eric, küçük işletme sahiplerinin muhasebe çalışmalarına yardımcı olacak düşük-maliyetli, kullanımı-kolay bir yazılım paketi fikrinden heyecan duyuyordu. Muhasebe yazılımı sektöründe ortaya çıkan eğilimleri dikkatlice analiz etti ve iş planının rekabet gücü analizi bölümünü oluşturmaya hazır hale geldi. Rakiplerini kimlerin oluşturabileceğini düşündüğünde, gün gibi açık yanıtlar —örneğin, halihazırda muhasebe paketleri satmakta olan mevcut yazılım sağlayıcıları—hemen aklına geldi. Ancak Eric, teşebbüsünün olası rakipleriyle ilgili olarak mümkün olduğunca geniş düşündüğünden emin olmak istiyordu. Bununla birlikte sorun, "rekabetçi merceğini" nasıl genişleteceğinden tam olarak emin olmamasıydı.

Rekabet Gücü Analizi

Doğrudan rakipler

Şirketin bilgisi dahilinde, şimdilik benzer bir ürün sunan tek bir rakip, PeopleLink A.Ş. bulunuyor. PeopleLink ürününü, birkaç hafta süren bir beta testiyle Ekim 2005'te sınadı. Şirket ürününü, insanların yeni hesaplar oluşturup dahili bir numara almalarına izin veren bir internet sitesi yoluyla tanıtıyor. Beta dönemi tamamlandığı için şimdi sistemin düzeltilip düzeltilmeyeceği (ve düzeltilecekse bu düzeltmenin hangi çapta olacağı) bilinmiyor. PeopleLink ürününü "gevezelik için tasarlanmış arama konferans sistemi" olarak konumlandırıyor.

Her ne kadar şirketin, PeopleLink'in fiyat yapısı ve pazarlama planlarının şirketinkilerle benzer olabileceğine inanmak için nedenleri olsa da, ÖİŞ'nin ürünü, PeopleLink'in ürününden net bir şekilde ayırt edilebilir ve daha çekicidir. PeopleLink'in ürünü aslen özel bir telekonferans hizmetidir. PeopleLink'in sistemini kullanarak telefonlarıyla konuşan iki insanın, adeta eş zamanlı olarak (örn. üç dakikalık bir çerçevede) aynı numarayı aramaları gerekiyor. Aksi halde, birbirlerine bağlanamıyorlar. O halde *PeopleLink'in sistemi, insanların yapmak istedikleri aramalardan önce ayrı ayrı hazırlanmaları ve koordine olmalarını gerektirir.*

Bunun aksine ÖİŞ'nin ürünü, *önceden bağlantıyı ayarlama ihtiyacı olmadan insanların arzu ettikleri her an birbirlerini aramalarına izin veren esnek ve elverişli bir üründür.* Müşterilerin, kendi telefonlarına ne zaman ve nerede yanıt verecekleri konusunda tam bir kontrolleri bulunur ve eğer telefona yanıt vermezlerse aramaları otomatik olarak sesli mesaja yönlendirebilir veya aramayı kabul etmemeyi tercih edebilirler. Yönetim, bu sistemin PeopleLink'e göre üstün olduğuna ve ürün farklılığının şirkete rekabette somut bir üstünlük sağlayacağına inanıyor.

Olası rakipler

Genel olarak, pazarda yeni adayların rekabetçi ürünleri piyasaya sürmelerini engelleyecek birkaç doğal giriş engeli (örn. sermaye ihtiyaçları, özel teknoloji) bulunuyor. Dolayısıyla aday rakipler, şirketin başarısını öğrendiklerinde muhtemelen rekabetçi ürünler geliştirip tanıtacaklardır. Şirket, yeni pazar adayları tehdidini önceden görerek, şirketin rekabet üstünlüğünü korumayı hedefleyen iki stratejik giriş engeli koymaya çalışıyor. İlk engel, OSP'ler, ISP'ler, sohbet odası internet siteleri ve arkadaşlık hizmetleri gibi sohbet odalarıyla arkadaşlık hizmetleri ağ geçitlerinde bulunan girişimlerle anlamlı stratejik iş birliklerinin kurulması yoluyla ortaya çıkacak. Şimdilerde şirket, çok sayıda olası ortakla, ortakların, şirketin ürününe özel bir temel etrafında hizmetler tanıtıp kuracakları avantajlı gelir-paylaşma anlaşmaları müzakere etmektedir. Şirket, bu tekelci anlaşmaların olası rakiplerin maliyet rekabet üstünlüğüne dayanarak şirketin hedef pazarına ulaşmalarını etkin bir şekilde engelleyeceğine inanıyor. Ek olarak şirket, ürünü için bir marka kimliği yaratarak ikinci bir engel oluşturmaya çalışıyor. Böylece tüketiciler, şirketin ürününü tam bir gizlilik ve anonimlik içinde yüksek kaliteli ve elverişli telefon iletişimlerini garanti eden güvenilir bir hizmet olarak ayırt edeceklerdir.

İnternet telefonculuğu

İnternet telefonculuğu insanların, ister kişisel bilgisayarlarını, isterse de sıradan telefon ahizelerini alıcı ve interneti de bir iletişim kanalı gibi kullanarak uzak mesafeli telefon konuşmaları yapmalarına izin vermek üzere tasarlanmış bir teknolojidir. Genel olarak internet telefonculuğu sunan firmalar, hiçbir uzak-mesafe ücreti olmadan veya alışılagelmiş ücretlerden ciddi oranda düşük bir ücrete sıradan uzak-mesafe telefon görüşmelerine alternatif bir teknoloji sunmayı hedefliyor. Dahası internet telefonculuğu, isimsiz uzak-mesafe telefon hizmetlerini destekliyor ve bazı sohbet odaları, internet telefonculuğu özelliklerini kendi programlarına dahil etmiş durumda. Bugüne kadar müşteriler, teknolojiyi kucaklama konusunda başarısız oldular. Birçok kişi, ses aktarımının zayıf olduğuna ve bazı durumlarda gerçek zamanlı olmadığına katılıyor. Dahası, internet telefonculuğu yazılım uygulamalarının çoğu, çağrı yapanların sistemi kullanmaya uyumlu bir donanım ve yazılımlarının olmasını gerektiriyor. Kısacası şirket, bu teknolojinin yakın zamanda rekabetçi bir tehdit oluşturacağına inanmıyor. Ancak, teknoloji ilerleyip PC ana akımının önemli bir parçası haline gelirse, şirketin işlerine ciddi bir rekabetçi tehdit oluşturabilir.

Şöyle YAPABİLİRSİNİZ

Eric'in sorununu hatırladınız mı?

Yönderiniz şöyle bir çözüm öneriyor:

Eric, iş teşebbüsünün olası rakipleri mümkün olduğunca geniş düşünmek için, kendisine, sunacağı ürün veya hizmetle karşılamayı düşündüğü müşteri ihtiyaçlarının aynısını kimlerin karşıladığını sormalıdır. Bu ihtiyaçların aynılarını karşılayan herhangi biri—tümüyle farklı bir sektörde de olsa—bir rakiptir.

Sözgelimi Eric, kendi muhasebe yazılımıyla, küçük işletme sahiplerinin pazarda mevcut olan karmaşık uygulamalardan daha kolay kullanacağı bir ürün sunmayı umuyor. O halde müşterilerin sadelik ihtiyaçlarını karşılamaya niyetleniyor. Kullanımı-kolay ürünler sunma iddiasında bulunan diğer yazılım şirketleri, onun en açık rakiplerini teşkil edecektir. Ancak vergi muhasebecileri de rakipleridir, çünkü onlar da, tüm evrak işlerini ele alan işletme sahipleri için muhasebeyi kolaylaştırır. Eğer Eric, olası rakipler hakkında çok daha geniş bir şekilde düşünmek istiyorsa, kalem imalatçılarını bile olası rakip olarak göz önünde bulundurabilir. Neden mi? Karmaşık yazılımlardan korkan küçük işletme sahipleri, muhasebelerini—sayıları sayfalar üzerinde hesaplayarak—"iyi, eski tarzda" yapmaya karar verebilirler! Bu müşterileri çekmek için Eric'in, kendi yazılımının kullanımının alçakgönüllü kalemden—en kolayı olmasa da—çok daha kolay olduğuna onları ikna etmesi gerekecektir.

Pazar Analizi

Bu bölümde, hedef pazarınıza—bir sorunu çözdüğünüz veya müşterilerin belli bir ihtiyacını rakiplerinizden daha iyi karşıladığınız için sizin ürün veya hizmetinizi satın alıp sonra da satın almaya devam edecek o bir grup insan veya şirkete—odaklanın. Burası şu iki soruya yanıt verdiğiniz yerdir: Birincisi, bu pazarda bir fırsat var mı? İkincisi, bu fırsattan yarar sağlayabilir miyiz?

Pazarın boyutunu ve büyüklüğünü değerlendirmek

Sununuzun pazarının ne kadar büyük olduğunu ve ne kadar hızlı büyüdüğünü belirleyin. Bunlar, bir pazara veya pazar nişine girmeye çalışan her işletme için iki temel konudur. Pazarda var olacağınız bir yer var mı? Pazar, sizi içerecek şekilde genişleyebilir mi? Ürün veya hizmetinize duyulan talep artacak mı? Sözgelimi tüketiciler, internetten alışveriş yapmanın elverişliliğinin değerini anlamaya devam ettikçe, şirketler, çok daha kârlı internetten satış yapma fırsatları bulacaklar.

İpucu: Enformasyonunuzu belgeleyin. Pazar büyümesi veya rakiplerin tepkilerine dair iddialarınız, gerçekçi ve kanıtlanabilir enformasyonla desteklenmelidir.

Hedef pazarınızı tanımlamak

Hedef müşterileriniz—sununuzu satmayı planladığınız bireyler veya şirketler—kimler? Nereliler? Onların ne gibi özellikleri var? Hedef pazarı farklı bakış açılarından, örneğin coğrafi yerleşimden veya bölünmeden (ulusal, eyalet, banliyö, şehir, komşuluklar), demografik özelliklerden (yaş, cinsiyet, ırk, gelir düzeyi, meslek, eğitim, din vb.) ve davranışsal etmenlerden (müşterilerin tutumları ve çeşitli ürün türlerine tepkileri) bakarak düşünün.

Değer önermenizi açıkça belirtmek

Hedef pazarınızdaki müşteriler neden sizin ürün veya hizmetinizi satın alacaklar? İşte bu, değer önermenizdir. Değer önermenizi tanımlamak için şunu sorun: Müşteri sorunlarına çözümleriniz nedir? Ürün veya hizmetiniz hangi müşteri acısını dindirecek? Sözgelimi, sırt ağrısını dindirmek için daha iyi tasarlanmış bir yastığınız mı var? İnternetteki banner reklamlarını filtreleyip online kızgınlığı azaltmanın bir yolunu mu buldunuz? Sununuzun bu alıcılar için faydaları neler? Müşterileriniz, ürünlerinizi rakiplerinizin ürünlerinden nasıl farklılaştıracaklar?

DEĞER ÖNERMESİ: Müşterilerinizin rakiplerinizin değil de sizin sunularınızı satın almaları durumunda elde edecekleri bir dizi benzersiz fayda.

Özel İletişim Şirketi'nin pazar analizi ilk olarak kendi işinin genel pazarını "online ve internet iletişimleri" olarak tanımlar ve pazar boyutunu tarif eder. Daha sonra Laszlo, pazarın hedef bölümüne ("online sohbet odası ve arkadaşlık hizmetleri kullanıcıları") odaklanır ve pazar ihtiyacının veya fırsatının (telefon iletişimlerinde gizlilik) ne olduğunu gösterir.

Pazar Analizi

Pazar tanımı

ÖİŞ, kişisel ilişkilerin oluşturulmasını kolaylaştıran ve/veya kullanıcılar arasında interaktif iletişime izin veren online veya internet iletişimleri arenalarında rekabet eder. Özel online hizmetlerle birlikte bu arenalar sohbet odalarını, ilan panolarını ve e-postaları içerebilir. İnternette bunlar arasında İnternet Aktarımlı Sohbet, e-posta ve çeşitli internet ağı siteleri vardır. Belli ilgi alanlarına hitap eden www siteleri arasında gerçek zamanlı sohbete ayrılmış olanlar, sitenin ek bir özelliği olarak sohbeti destekleyenler ve kullanıcılar arasında online eşleşmeler oluşturma hizmeti verenler bulunur.

Pazarın toplam boyutu

Sadece bir yıl önce tüketiciler için bir yenilik olmasına rağmen, internet ağının son on iki ay içindeki tırmanışı sıra dışı olmuştur. Tahminler değişse bile otoritelerin çoğu, pazarın 35 ila 60 milyon internet kullanıcısını kapsadığına katılıyor. Bu kullanıcıların nereye gittikleri, neyi aradıkları ve internette ne kadar zaman harcadıkları, henüz hiç kimsenin tatmin edici bir şekilde yanıtlayamadığı ucu açık sorulardır. Tam sayılar ve alışkanlıklar ne olursa olsun, internetin burada kalıcı olduğuna ve sığındığı "sanal gerçekliğin," modern zaman iletişimlerinin ve 21. yüzyılın sosyal etkileşimlerinin çok daha ayrılmaz bir parçası haline geleceğine dair bir uzlaşma bulunuyor.

Özel online hizmet kullanımı

İnternet kullanıcılarının tahmini sayısına dair hatırı sayılır farklılıklar olmasına rağmen özel online hizmetlerin kullanımı, daha yaygın olarak ilan edilmiş abonelik olarak biliniyor. Şu anda, en büyük üç OSP'nin birleşik müşteri tabanı, 50 milyonu geçiyor. Üç OSP'nin hepsi de, internete tam bir erişimin yanı sıra sadece katılımcıların erişebileceği özel bileşenler sunuyor.

Pazarın hedeflenen bölümü

ÖİŞ'nin ürününün ilk hedefi, online sohbet odalarının ve arkadaşlık hizmetlerinin kullanıcılarıdır. Bu tüketiciler, yeni tanıdıklarla iletişim kurma arzusunu paylaşıyor ve samimiyet derecelerini artırma ihtiyacı hissetmedikleri takdirde ve hissedene kadar anonim ve "seçici olarak ulaşılabilen" olarak kalabildiklerinden dolayı çok memnunlar.

Pazar ihtiyacı

İnsanlar, uzun saatler çalıştıkları, hayatlarının ileri zamanlarında evlendikleri ve sık sık yeni yerlere taşındıkları için kendi toplulukları içinde yerel sosyal şebekeler kurmayı çok daha zor buluyorlar. Aynı zamanda internet, tüm dünyayı sanal bir topluluk haline getirmiş durumda. Böylece farklı ülke ve kültürlerden insanlar, kendileriyle aynı ilgi alanlarını paylaşan diğer kişilerle ilişki olanakları bulup bundan zevk alabiliyorlar. Sohbet odası tartışmaları, bilgisayar donanımlı ilan-panoları ve online kişisel reklamlarla eşleştirme hizmetlerinin tümünden, insanları tanıştırıp ilişkiler kurmanın bir yöntemi olarak faydalanılır. Ve yine, ilişkiyi daha kişisel ve samimi bir seviyeye çekmek konusunda pek çok insan hâlâ yeni teknolojiden bir adım uzaklaşıp ilişkilerini eski bir teknolojiye—telefona—taşıma ihtiyacı hissediyor. Ancak bu adımı atmak, taraflardan birinin, internetin en çekici ve en rahat özelliklerinden birinden—anonim kalmaktan—vazgeçmesini gerektiriyor.

Tüketicilerin interneti kucaklaması ve iletişim medyası büyüdükçe, gizlilik ve güvenlik konusundaki endişeleri de büyüyor. İnternet, bireyler hakkında en özel bilgilerden bazılarını kapsayan güçlü veri tabanlarını erişilebilir kılıyor. Sadece tek bir telefon numarasıyla, eğitimsiz bir insan bile başka birisi hakkında ciltlerce kişisel bilgi edinebilirken kötü niyetli bilgisayar korsanları veya avcılar, aşırı derecede tehdit edici veya tehlikeli bir hale gelmek için kendilerini yeteri kadar bilgiyle silahlandırabilirler.

Bölümün öngörülen boyutu

ÖİŞ'nin iletişim hizmetlerinin pazar fırsatı büyük oranda, genel olarak herhangi birinin internetin ve online hizmetlerin mevcut kullanımını ve özel olarak da sohbet odalarının ve arkadaşlık hizmetlerinin kullanımını nasıl öngördüğüne dayanır. AOL, kullanıcılarının yüzde 40'ının özel sohbet odalarını ziyaret ettiğini tahmin ediyor ki bu sayı diğer başlıca hizmetler için de büyük oranda benzerdir. Sohbet odalarına erişen veya arkadaşlık hizmetlerinden faydalanan internet kullanıcılarına dair ılımlı tahminse yüzde 10'dur. Bu, toplamda 7,1 milyon hedef müşteriye sahip 4,8 milyon OSP kullanıcısı ve 2,3 milyon ISP kullanıcısından oluşan olası bir hedef pazar getirir. İnternet kullanımının yılda yüzde 50 olarak tahmin edilen mevcut büyümesiyle birlikte, bu sayı 2008'de 20 milyonun üzerine çıkacaktır. Dahası siteler, düzenli ziyaretçilerden meydana gelen bir "topluluk" oluşturmanın bir yolu olarak sohbet odaları kurdukça sohbet, bir bütün olarak internetten bile daha hızlı büyümektedir. Bugün, pek çok şirket, kendi sitelerine ziyaretçi kazanmanın bir yolu olarak sohbet odaları sunuyor. Montgomery Securities'in bir analisti, 2008 yılıyla birlikte, 7,9 milyar saatlik online sohbet yapılacağını tahmin etmektedir (*Red Herring,* Temmuz 2006). En büyükleri 100.000 üyesi olduğunu iddia eden arkadaşlık hizmetleri de büyüyor. Pazarın yüzde 50'sine sahip olduklarını varsayarsak, şu anda tek başına bu bölüm, 200.000 yüksek nitelikli hedef müşteriye sahiptir.

Pazarlama Planı

İş çevresini incelediniz. Rekabeti çalıştınız. Hedef pazarınızı biliyorsunuz. Fırsatı keşfettiniz. Satacak bir ürün veya hizmetiniz var. Ürününüzle pazarınızı nasıl bir araya getirirsiniz? Müşterileri, sizden satın almaya nasıl teşvik edersiniz? Tipik olarak en etkin yol, bir pazarlama planı geliştirmek, ona uygun hareket etmek ve onu denetlemektir.

Pazarlama planını yol haritası gibi kullanmak

Pazarlama planınız, ürün veya hizmetinizi nasıl satmayı tasarladığınızı—yani, müşterileri satın almaya nasıl motive edeceğinizi—tarif eden bir çeşit yol haritası hizmeti görür. İş planınızda dikkatlice düşünülmüş bir pazarlama planı geliştirmenin ve içermenin iki faydası vardır:

- Sizin ve ekibinizin, fikirleri önceden sınamanıza, seçenekleri araştırmanıza ve şirketin başarısı için etkin stratejiler belirlemenize yardımcı olur.
- İş planı okurlarınızı, kendi yetkinliğiniz konusunda ikna etmenize yardımcı olur.

Plan, şirketinizin misyonunu ve temel iş felsefesini yansıtmalıdır. Ayrıca, pazar araştırmanızın sonuçlarını da birleştirip kullanmalıdır.

İpucu: Pazarlama planı, dinamik bir plan olmalıdır: onu, işinizin ilerleyişini denetlemek için kullanın ve değişen koşulları yansıtmak için gerekli oldukça pazarlama planında düzeltmeler yapın.

Pazarlama planınızı geliştirmek

Pazarlama planınızın tutarlı olmasını, yani iş fırsatınızın ve felsefenizin tüm unsurlarını bir araya getirmesini nasıl garanti edebilirsiniz? Ürün veya hizmetinizin pazarlanmasını etkileyen kilit unsurlara bakarak işe başlayın.

Özel olarak, *fırsat*—ürün veya hizmetinizin çözdüğü müşteri sorunu—*üzerinde yoğunlaşın.* Sözgelimi, başka hiçbir yerde bulunmayan isteğe göre uyarlanmış hizmet veya ürün garantisi sunarak rakiplerinizin hizmetlerindeki bir zayıflığın üstesinden geliyor olabilirsiniz. Veya, tadı yağlı yiyecekler gibi olan az-yağlı yiyecekleri nasıl üreteceğinizi keşfetmiş olabilirsiniz. Belli pazarlama stratejileri geliştirdikçe, müşterilerin bakış açısından fırsatı incelemeye devam edin.

Ayrıca, *pazarlama amaçlarınızı da yeniden gözden geçirin.* Satışların hangi seviyesinde başa baş noktasına—satışlarınızın maliyetlerinizi karşıladığı noktaya—ulaşacaksınız? Bu noktaya ne zaman ulaşacağınızı tahmin ediyorsunuz? Satışta bir sonraki kilometre taşına ulaşmak ne kadar sürecek? Sözgelimi amacınız, ilk satış zamanından sonra altı ay içinde başa baş noktasına ulaşmak, satışlarda yıllık yüzde 10'luk bir büyüme oranı elde etmek ve beş yıl içinde hedef pazarın yüzde 10'unu ele geçirmek olabilir. Bu amaçları yerine getirmek için hangi stratejileri tasarlayabilirsiniz?

Ek olarak, *müşterilerin satın alma davranışlarına odaklanın*. Uzun vadeli değeriyle birlikte bir müşteriyi elde etmenin maliyetini tartmak, kullanacağınız uygun pazarlama stratejisine karar vermenize yardımcı olur. Sözgelimi, eğer her müşteri kazanmaya ve elde tutmaya değiyorsa, ilişki-yönelimli doğrudan satışlar ne kadar pahalı olursa, maliyete o kadar değer. Öte yandan eğer geniş bir yelpazede müşteriye ulaşmaya çalışıyorsanız, tanıtım satışlarıyla ilgili kitlesel postalar gibi daha az pahalı olan stratejiler daha etkin olabilir. Müşterinin değerini belirlemek için aşağıdaki soruları göz önünde bulundurun:

- Yıllarca devam edecek olan, dergi aboneliği gibi yıllık bir iş mi kuruyorsunuz, yoksa işiniz hızlı, tek-seferlik bir hizmet mi sağlıyor?
- Müşteriler ürünlerinizi çoğu kez tüketilebilir veya pahalı olmayan bir keyif olarak mı alıyor, yoksa ürününüz—yaşam boyunca sadece arada bir satın alınan—uzun ömürlü bir ürün mü?
- Marka bağlılığı oluşturmaya ihtiyacınız var mı, yoksa ürününüz/hizmetiniz, müşterilerin ihtiyacını karşılayan tek ürün ya da hizmet mi?

- Ürünü/hizmeti satın alma süreci, doğrudan satışı gerektiren ilişki yönelimli mi, yoksa işlem yönelimli ve doğrudan posta pazarlamasına veya online satışlara kolaylıkla uyarlanabilir mi?

Pazarlama karmanızı tanımlamak

Pazarlama karmanız, pazarlama amaçlarınızı elde etme yollarınızı tarif eder. Tercihleriniz, hedef pazarın ürünlerin farkına varmasını nasıl sağlayacağınızı, müşterileri sizin ürünlerinizi satın almaya nasıl motive edeceğinizi, ürününüze müşteri bağlılığını nasıl oluşturacağınızı ve öngörülen satış gelirlerini nasıl elde edeceğinizi tanımlar. Pazarlama karmanızdaki stratejiler ürününüzü, rakiplerinizin ürünlerine göre pazarda nasıl konumlandıracağınızı belirler. En etkin karmalar, pazarlamanın klasik dört unsurunu (4 P) yansıtır: ürün, fiyat, yer, tanıtım.

İlk unsur *ürün/hizmettir.* Ürün veya hizmetinizin, şirketinizin felsefesiyle ve hedef pazarınızın ihtiyaçlarıyla uyumlu olduğundan emin olun. Sozgelimi, şirket felsefesi en yüksek-kaliteli muhasebe hizmetini sağlamaksa, bu hizmetler, finansal hizmet sunucularından doğruluk ve kapsayıcılık bekleyen zengin müşterilere sunulanlar içinde en hassas ve en kapsamlı olanlar olmalıdır.

İkinci unsur *fiyattır.* Ürün veya hizmetinizi hangi fiyat noktasında sunacaksınız? Belirlenmiş bir fiyat olacak mı, yoksa fiyat tüketici talebine bağlı olarak sıralanacak veya değişken mi olacak? Bir yandan fiyatlandırma stratejileriniz, pazarınızın fiyat duyarlılığına ve ürününüzün pazar tarafından algılanan değerine bağlıdır. Öte yandan toplam maliyetler ve gerekli kâr marjı da ürünün fiyatını etkiler. Fiyatlandırma, öngörmesi zor bir şeydir. Maliyetler ve beklenen azami gelirlerce belirlenmiş geniş bir yelpazede fiyatlarınız olacaktır. Ancak, bu yelpaze içinde fiyatları, müşteri talebine bir yanıt olarak uyarlayabilirsiniz.

Üçüncü unsur *yerdir*. *Yer* terimi, ürünlerin fiziksel hareketini—ürünün tesisten son kullanıcıya nasıl transfer edileceğini—anlatır. Hangi dağıtım kanallarını kullanacaksınız? Ürününüzün ticareti nasıl—ne tür bir perakende dükkânında veya nerede—yapılacak? Bu kararlar ürünün türüne, dağıtımın maliyetine ve müşterilerin ihtiyaçlarıyla taleplerine bağlıdır. Bu tercihleri, diğer işletme ve pazarlama hususlarıyla bir arada yapmalısınız.

Son unsur *tanıtımdır*. Tanıtım yoluyla tüketicilerin ürününüzün farkına varmasını sağlarsınız. Tanıtım şu tür faaliyetleri kapsar:

- **Ağızdan ağza.** Bu satış aracı, en ucuz ve en etkin tanıtım türüdür—tatmin olmuş müşteriler söylenti yayarlar. Ancak bu, öngörülemez ve kontrol edilmesi güç bir şeydir. Söylentiler olumlu olduğunda satışlarınız artacaktır, ama olumsuz bir mesajın üstesinden gelmek zordur.
- **Tanıtım satışı.** Bu durumda, kuponlar, örnek ürünler ve sergiler yoluyla müşterilere söylentiler

yayarak mesajı kendiniz kontrol edersiniz. Görece düşük-maliyetli bir program olan tanıtım satışı, geniş bir kitleye ulaşabilir.

- **Doğrudan satışlar.** Doğrudan satış, tanıtım satışlarının genel yaklaşımından daha pahalıdır, ama bir yandan müşterileri satın almaya motive ederken diğer yandan onlarla ilişki geliştirmenin önemli bir aracıdır. Doğrudan satışta kullanılan taktikler, bireysel satış çağrılarından kitlesel tele-pazarlamaya ve duyuru e-postalarına kadar değişir.
- **Reklamcılık.** Reklamcılık, hedef pazara gönderilen önceden ödenmiş ikna edici mesajlar yoluyla tüketicileri etkiler. Bu satış yaklaşımı pahalı olabilir, ama karşılığı güçlü bir marka imajı ve marka bağlılığıdır.

Kaynaklarınıza ve kimlere ulaşmaya çalıştığınıza bağlı olarak, ürün veya hizmetiniz ve hedef pazarınız için uygun olan, birbirleriyle ilişkili pazarlama stratejileri karmanızı seçin.

Pazarlama planınız iş planınızın tüm diğer parçalarıyla uyumlu olmalıdır ve belli pazarlama amaçlarınızı nasıl elde edeceğinizi göstermelidir. ÖİŞ'nin pazarlama planı aşağıda gösterilmiştir.

Pazarlama Planı

ÖİŞ'nin pazarlama planı, müşterilerin her zaman son kullanıcılar olmayabileceği teşhisine dayanır. Son kullanıcı, daha kişisel düzeyde bir ilişki ilerletmek için OSP veya internet kullanan ama yine de anonim kalma ve güvenlik konusunda endişeler taşıyan bireydir. Ancak müşteri, bazı durumlarda son kullanıcının ilişkisini ilerletmek üzere araçlar sağlayan siteler veya kuruluşlardır. ISP'ler, OSP'ler, sohbet odası siteleri ve online arkadaşlık hizmetleri yoluyla ürünün tanıtımını teşvik ederek ÖİŞ, ürünün yüksek nitelikli adaylarını temsil eden müşterilerine erişim sağlayabilir. Bu, şirkete iki fayda sağlar: son kullanıcılara ulaşmak için daha az pahalı ve daha etkin bir yol ve girişe engeller koyacak başlıca dağıtım kanallarına vurulacak bir kilit.

Konumlandırma

Şirket, ortakları yerleştirmek için ürünü üyelerine, gelir akışlarını önemli ölçüde genişletecek katma değerli bir hizmet olarak sunar. Reklam geliri geleneksel medyadan ne kadar farklı ve OSP'lerle ISP'lerin fiyatlandırmaları ne kadar amansız olursa olsun, pek çok hizmet ve içerik sağlayıcı ek gelire muhtaç durumda ve aktif olarak bunu sağlayabilecek ortaklar arıyorlar.

Son kullanıcılar için şirket, ürünü, bir yandan online olarak karşılaşılmış yeni tanışıklarla ilişkilerini ilerletirken, diğer yandan kişinin anonimliğini korumanın ve böylece güvenliği garantilemenin bir aracı olarak konumlandırıyor. Ürün, zamanından önce yapılacak bir taahhüt baskısı olmadan ve kullanıcının, kişisel bilgileri bir yabancının önüne serme riski hakkında ani kararlar vermesini gerektirmeden, bu ilişkileri kolaylaştırıyor. Aynı zamanda ebeveynlere, çocuklarının, şüphe uyandıran yetişkinlerle karşılaşma riski olmadan online kazanılmış arkadaşlarla, tıpkı offline kişisel ilişkileri gibi ilişkilere girmelerine izin vermelerinin güvenli bir yolunu sunuyor.

Fiyatlandırma

Ürün, standart uzak-mesafe telefon hizmetleri üzerinden sadece ortalama bir kâr payıyla, çağrı alıcısının ödeyeceği dakika başına maliyet 0,59 dolar ile 0,79 dolar arasında olmak üzere fiyatlandırılmıştır. Bu fiyat, müşterinin, muhtemel arayana kendisini numarasını açıklama konusunda baskı altında hissetmemesini ve hizmeti kullanırken sürekli "saate bakmasını" gerektirmeyecek kadar düşüktür.

Ücretsiz zaman dilimleri, indirimli aramalar ve üstün özelliklere serbest geçiş sunan aylık abonelik planları vardır. Aylık planlar, müşteriler hizmeti en azından "ücretsiz" zamanlarını tüketmeye yetecek kadar kullanacaklarından dolayı, hizmetin düzenli kullanımını teşvik eder. ÖİŞ, bir değer fiyatlama stratejisi izler, çünkü bu ürünü lüks bir eğlence aracı gibi görüp kullanmak yerine gündelik hayatlarına dahil edecek uzun-vadeli bir kullanıcılar topluluğu oluşturmanın en iyi yoludur.

Ortaklara istihkak, gelir paylaşma, yeni aboneler için bağış ödemesi veya garantilenmiş seviyelerde ödenmiş reklamlar biçimini alabilir.

Müşteri değer önermesi

ÖİŞ müşterilere, düşük bir maliyete üstün bir fayda sunmaktadır. Şirketin hizmetiyle müşteriler tercih ettikleri yerlerde, kendi uygun zamanlarına göre bir programda, numaralarını istedikleri her an değiştirme ya da iptal etme esnekliğiyle beraber ve tümüyle isimsiz kalarak—tümü neredeyse standart uzak-mesafe telefon çağrıları yapma maliyetiyle aynıdır—telefon aramaları alabilirler. Aynı zamanda, bu telefon çağrıları sohbet odalarının sağladığı ihtiyaca benzer bir ihtiyacı karşılar, ancak daha samimi ve interaktif bir iletişim biçimi olarak ek değer sunar. Canlı/interaktif yelpazenin diğer ucunda bulunan psişik konuşmalar ve romantik sohbet gibi mevcut telefon hizmetlerinin kullanılması, çoğu kez dakika başına 5 dolar olacak şekilde çok daha pahalıdır.

Stratejik site ve online hizmet sunucusu ortakları, hiçbir doğrudan maliyet olmadan ya da çok az bir doğrudan maliyet karşılığında ciddi bir gelir akışı elde ederek değerin farkına varırlar. Ek olarak, site kullanıcıları üründeki değeri fark edecekleri için, ürüne ev sahipliği yapmak ve onu tanıtmak, site veya hizmet sunucusu için bir farklılaştırma aracı haline gelir.

Dağıtım

Ürün, internet ve online kullanıcılarını hedeflemiştir. O halde, başlıca dağıtım araçları, directReach online bilgilendirme ve kayıt siteleri üzerinden olacaktır. Kullanıcılar, bannerlar veya ortak linkler üzerinden siteye çekilecektir. Son kullanıcılara ulaşmanın diğer yöntemleri arasında sitenin başlıca hizmetiyle birlikte ürünü sunma bulunabilir. Böylelikle müşteriler directReach hesabını, örneğin bir arkadaşlık hesabı açarken veya ISP'yle internet erişim hesabı açarken elde ederler.

Müşteriler, ücretsiz bir otomatik telefon hattı yoluyla da hizmete katılabilirler. İnternetle ilgili olmayan araçlarla hizmeti öğrenenler gibi internette kredi kartıyla ödeme yapmaktan çekinenler de bu yöntemi kullanabilirler.
Ek olarak, bir directReach üyesini arayan herkese, arama yaptıklarında, hizmet hakkında bilgi alma ve üye olma seçeneği verilecektir.

Reklamcılık ve tanıtım
Reklamcılık ve tanıtım, halka ilişkileri, web ve basılı reklamları, ortak edinmeyi ve marka imajı oluşturmayı içeren üç aşamalı bir süreç olacaktır. Genel anlamda uyumlu ve profesyonel bir mesaj oluşturup sunmayı daha fazla garantilemek için şirket dışı reklamcılık ve halkla ilişkiler ajanslarından mümkün olduğunca çok faydalanılacaktır.

1. Aşamanın 10-12 hafta sürmesi ve basılı ve web reklamları yoluyla müşterilerin kazanılması bekleniyor. Web banner reklamları, sohbet servisi sunan sitelere, tek-tıkla directReach web sitesine bağlantı vererek yerleştirilecek. directReach ana sayfası, online kayıt formu sunmanın yanı sıra hizmetin özellikleri, kullanımı ve faydaları hakkında bilgi sunacak. Reklamlar ve site örneği, telefon numarasını yabancılara vermeyerek kişisel güvenliği korumanın önemi hakkında okurları eğitmeye çabalayacak ve hizmetin üç kilit faydasını vurgulayacak. Dahası, internet reklamları, online bir sohbeti offline bir telefon görüşmesine taşıyarak kazanılacak heyecanı methedecek.

Halka ilişkiler de, internet yayınlarına ve ana akım medyaya ÖİŞ'nin özgün hizmeti konusunda enformasyon vermeye özel bir önem göstererek 1. Aşamanın başlıca vurgularından biri olur. Tanıtım malzemeleri ve ürünün ücretsiz denemelerinden oluşan basın araçları, kilit eleştirmenlere ve yazarlara gönderilecek.

2. Aşama, 1. Aşamayla eşzamanlı olarak başlayacak ve stratejik ortakların edinilmesini içerecek. Başlıca hedefler, hedef kullanıcılarla halihazırda ilişkileri olan şu kurumlardır: OSP'ler, ISP'ler ve sohbet odalarıyla arkadaşlık hizmetlerine ev sahipliği yapan siteler. Olası ortaklar ÖİŞ ile anlaşmaya girmeden önce konsepte dair bir kanıt isteyebilecekleri için, 1. Aşama ürünün güvenilirliğini başarıyla sergilemelidir.

3. Aşama, 1 ve 2. Aşamaların başarıyla uygulanmasının hemen ardından başlar ve gazete ve internet reklamları, reklam panosu sergileri ve yeni üretim medyada yer alma yöntemleri yoluyla hizmetin markalaşmasının üzerinde durur. Bu tanıtım türü, sağlam bir müşteri tabanı kurmak ve olası rakiplerin girişine mani olmak için markayı güçlendirme yönünde başlıca amaçla birlikte süre gidecektir. Ayrıca, iyi eğitim almış ve profesyonel müşteri hizmetleri temsilcileriyle canlı operatör hizmetleri, sık kullanıcılar için tanıtımlar ve teşvikler ve yeni ve müşteriye özel hale getirilmiş çağrı hizmetleri yoluyla müşteri bağlılığı kurmak için önemli ölçüde kaynak da ayrılacaktır. Markanın, reklamcılıktan müşteri hizmetlerine, ürün güvenilirliğine kadar aralıksız olarak meşruiyet ve profesyonellik mesajı iletmesi önemlidir.

Faaliyet Planı

Faaliyetleri anlamak

Faaliyet planı, işin günlük faaliyetlerinin akışına ve onları destekleyen stratejilere dair genel bir bakış verir. İşin günlük yürütülüşünü anladığınızı ve planladığınızı okura göstermek için yeteri kadar enformasyon olmalıdır, ancak plan, okuru güçlükle ilerler ya da isteksiz hale sokmamak için çok teknik ya da fazlasıyla kapsayıcı olmamalıdır. Faaliyet planı bölümünün başlıca amacı, işi başarıya dönüştürecek kritik faaliyet etmenlerine odaklandığınızı göstermektir.

Faaliyetler işletmenin çalışmasıdır; fikrin veya hammaddelerin müşteriye satılacak ürün veya hizmetlere dönüşümüdür. Faaliyet planı, üretim sürecinin kendisi kadar dinamik olmalıdır. Şirketin eylemleri için önemli bir kılavuz olarak devam etmek için, bu şirket içi plan asla sessizce tozlu bir rafta yatamaz. İhtiyaç oldukça geliştirilip kullanılmalı ve değiştirilmelidir.

Başa baş noktasını belirlemek

İş planının faaliyetler bölümü okura, şirketin, işin sosyal paydaşları için değer yaratmasını etkileyen kritik başarı etmenlerini verir. Bu etmenlerden en önemlisi başa baş noktasıdır—yani, birim satışların faaliyet maliyetlerine eşit olduğu nokta. Başa baş noktası, sunuyu üretmenin maliyetlerini karşılamak için ürün veya hizmetten kaç birimin satılması gerektiğini belirler. Böylece ardından gelen birimler kâr üretecektir. Başa baş, işin para kazandırmaya başladığı noktayı tespit eder.

BAŞA BAŞ NOKTASI: Gelirlerinizi bir ürün veya hizmeti üretmenin faaliyet maliyetlerine eşit hale getirmek için, bu ürün veya hizmetlerden satmanız gereken birim sayısı

Diğer kilit başarı etmenlerini tespit etmek

Başa baş noktası dışındaki diğer kilit başarı etmenleri şunları içerebilir:

- **Malzeme kaynağı bulmada avantajlar.** Pahalı olmayan hammadde hakları elde etmiş veya malları kendi tesislerinize taşımanın daha ucuz bir yolunu bulmuş olabilirsiniz. Sözgelimi, belli bir alandaki tüm hanelere mesajınızı iletmeleri için posta idaresiyle veya yerel bir telefon şirketiyle anlaşma yapmış olabilirsiniz.
- **İmalat veya dağıtım sürecindeki teknolojik inovasyonlar.** İmalatta, enformasyon ve verilerin

taşınmasında veya dağıtım sistemlerinin düzenlenmesindeki teknolojik ilerlemeler maliyetleri düşürebilir ya da üretkenliği artırabilir. Sözgelimi, teslimat kamyonları filosuyla iletişim kuran depolarda, bilgisayarlı sistem yoluyla etkin bir dağıtım elde edebilirsiniz.

- **Elverişli coğrafi yerleşim.** İşin türüne bağlı olarak yerleşim, başarı veya başarısızlık anlamına gelebilir—müşterilere, rakiplere, tedarikçilere veya emek gücüne yakınlık, kritik değişkenler olabilir. Sözgelimi, bir gıda işleme tesisi için iyi bir yerleşim, ekinleri yetiştiren üreticilerin yakınında olabilir veya bir bilgisayar oyunları salonu için iyi bir yerleşim, mahalli bir lisenin veya kolejin yakını olabilir.
- **Becerili çalışanlara veya ucuz emeğe erişim.** Şirkete ucuz ve becerili emekle geleceğin deneyimli çalışanlarından oluşan bir havuz sağlayacak çiçeği burnunda kolej mezunlarına staj teklif edebilir misiniz? İhtiyaç duyduğunuz becerili işgücünü garantilemek için şirket içi eğitim sunabilir misiniz? Büyük bir emek havuzundan düşük maaşları kabul edecekleri kendinize çekebilir misiniz?
- **Etkin bir fiyatlandırma stratejisi.** Fiyatlandırmayı, tek tek pazar bölümlerinin ihtiyaçlarına uyarlayabilmeli veya yüksek fiyatları özgün hizmet

özelliklerinizle eşleştirebilmelisiniz. Üretimde kazanılan teknolojik verimliliklerle birlikte, daha düşük fiyatlar sunabilir ve yine de kârlı marjları koruyabilirsiniz.

Sunumunuzun, ayrıntılı akış çizelgeleri, işlem tarifleri ve benzeri şeyler kullanılarak hem ana bölümde hem de ekler kısmında basitleştirilebileceğini ve netleştirilebileceğini unutmayın. Çizelge, grafik ve tablolar gibi görsel aygıtlar, karmaşık enformasyonu açık şekilde sunmada faydalıdır.

Yönetim Özeti

Her yatırımcı, işi yürütenin yönetim ekibi, insanlar olduğunu bilir. Siz ve ekibiniz, dinamik bir birim halinde parçaları bir araya getiren tutkalsınız. Doğru insanlar olmadan, hiçbir özgün fırsat konseptten gerçekliğe dönüşemez. Bu yüzden yönetim özeti, iş planının önemli bir bölümüdür—okurlarınızın pek çoğunun ilkönce açacağı bölümdür.

Ekip üyelerinizin niteliklerini tarif etmek

Planınızı inceleyen komite üyeleri zaten sizi tanıyor olabilir ve her tür okur için, özgeçmişleriniz iş planının ekler bölümüne dahil edilecektir. Ancak bu kısımda,—ister olası yatırımcılar, kredi açanlar, isterse de şirket içi değerlendiriciler olsun—söz konusu okurların soracakları şu en sivri sorular yanıtlanmalıdır:

- **Ekip üyeleri nerelerde çalışmış?** Şirket içindeki veya dışındaki kariyer yolları ne? Okurlar, ekip üyelerinin şirket içinde, sektörde—veya ilgili sektörlerde—ne kadar deneyime sahip olduklarını ve bağlantılarının kimler olduğunu bilmek isterler. Teklif edilen bu işle doğrudan bağlantılı deneyimleri var mı?

- **Neleri başarıyla tamamlamışlar?** Ekip üyelerinin başarıları neler? Başarıyla tamamlanmış projelerden oluşan bir sicilleri var mı? Başka bir deyişle, bir fikri alıp sonuçlar üretebileceklerini göstermişler mi?
- **İş topluluğundaki şöhretleri nasıl?** Başka bir fikir tarafından yoldan çıkarılmadan önce nadiren bir projeyi bitirecek kadar kalan fikirci insanlar olarak mı tanınıyorlar? Verdiği sözü tutan dürüst biri oldukları yönünde şöhretleri mi var? Sıkı çalışan ve kendilerini işlerine adamış olarak mı biliniyorlar?
- **İşin başarı şansı konusunda gerçekçiler mi?** Riskleri fark edip kaçınılmaz bir şekilde ortaya çıkacak sorunlara karşılık verme yeteneğine sahipler mi? Kritik öneme sahip olan varsayımları geçerli mi? Ekipten kim öngörülü? Uyarıyı kim yapacak?
- **İşe hangi bilgi, beceri ve özel yetenekleri getirecekler?** Ekip üyelerinizin dengeli bir deneyim karışımı, çok sayıda becerisi, derinlemesine bilgisi bulunuyor mu? Ekip tamamlanmış mı, yoksa ek beceri veya özelliklere sahip başka bir kişi daha mı gerekiyor?
- **Bu teşebbüse ne kadar bağlılar?** Zor zamanlarda ona bağlı kalacaklar mı? Daha önce başka projelerde birlikte çalışmışlar mı? Ekip olarak sınanmamış, yeni kurulmuş bir insan topluluğu genellikle geçmişte birlikte çalışmış bir ekibe —tanımlanmış bir hedefe erişmek için iç

çatışmaların ve dış sorunların üstesinden gelmiş bir ekibe—kıyasla daha riskli bir teklif olarak düşünülür.

- **Tek tek her üyenin motivasyonu nedir?** Ne elde etmeyi umuyorlar? Tek tek her bir ekip üyesi, şans eseri mi yoksa tercihleri doğrultusunda mı orada? Eğer gemiye binmeyi kendileri tercih ettiyse, hangi faydaları almayı umuyorlar? Eğer ekibe atanmışlarsa, ekibin başarısına katılım gösterme ve bunun için çabalama konusunda hangi motivasyonlara sahipler?

Ekibi bir birim olarak tanıtmak

Yönetim özeti, okura, etkin ve başarılı bir ekip oluşturmak ve bunun karşılığında başarılı ve kârlı bir işle sonuçlanmak için tek tek her ekip üyesinin nasıl çalışacağını bilme şansı vereceğiniz yerdir. Riskleri yönetip fırsatlardan yarar sağlamak için bunun doğru ekip olduğunu şu şekilde gösterin:

- **Ekibin güçlü yanlarını anlatarak.** Tek tek ekip üyelerinin beceri, bilgi ve deneyimlerinin bir bütün olarak ekibi nasıl dengelediğini tarif edin.
- **Ekibin hissedilen zayıflıklarını anlayıp onlara hitap ederek.** Teknik beceriler veya pazarlama deneyimi gibi var olabilecek yönetim boşluklarının farkına

varın. Okurların, bu zayıflıklar veya boşluklarla nasıl başa çıkmayı planladığınızı—örneğin ekip üyelerini eğiterek, ihtiyaç duyulan becerilere sahip yeni bir kişiyi işe alarak veya bir danışmanlık firmasından hizmet almak için anlaşma yaparak—bilmesini sağlayın.

- **Ekibin yönetim felsefesini ifade ederek.** Tek tek her üyenin davranışları ve karar alma süreci hakkında kılavuz sunan bir yönetim felsefesi geliştirin. Yönetim felsefesine dair açık bir anlatım, şirketin değerlerinin bir ifadesini sunar ve ekibin uyumuna dair bir örnek hizmeti görür.

Finansal Plan

Finansal plan, iş planınızın çok önemli bir bölümüdür çünkü işin tüm diğer kısımlarını—fırsat, faaliyet planı, pazarlama planı, yönetim ekibi—öngörülen finansal sonuçlara çevirir. Planınızın bu kısmını hazırlamak için, okurlarınızın kaygıları üzerine düşünerek işe koyulun.

Okurların kaygılarını öngörmek

İş planınızın farklı okurlarının, finansal plana yaklaşırken farklı bakış açıları olacaktır:

- Teklifinizi denetleyen *yatırım komitesi üyeleri*, teşebbüsün, şirketin olası en düşük getiri oranını (tüm projelerden beklenen asgari kârlılık oranını) yakalayıp yakalayamayacağını bilmek ister.
- Teşebbüsten hisse almayı düşünen *yatırımcı*, işin ne tür bir yatırım getirisi elde edeceğini bilmek ister.
- Bir krediyi onaylayıp onaylamayacak olan *kredi açanlar*, şirketin ödünç alma kapasitesini, borç yönetim yeteneğini bilmek isterler.
- Belki de en önemlisi *sizin*, finansal amaçlarınızın elde edilip edilemeyeceğini—tüm planlamalarınızın ve çabalarınızın sonunda kendini çıkarıp çıkarmayacağını—bilmeniz gerekir.

İş planınızın bu bölümü, okurlarınıza, şirketin finansal performansının bugünkü durumunu ve geleceğe dönük tahminlerini göstereceğiniz yerdir. Burada çizdiğiniz finansal resim, söz konusu risklere ve yatırım getirisine, ticari başarının somut kanıtlarına dair en iyi tahminlerinizi temsil eder.

İşinizin sermaye ihtiyaçlarını belirlemek

İşiniz, ister bir işletmenin genişlemesi isterse de yeni bir teşebbüs olsun, iş planınızın okurları, hangi sermaye yatırımlarının gerekli olduğunu bilmek isteyeceklerdir.

Ne kadar para toplamanız gerekiyor, onlardan ne kadarını bekliyorsunuz ve parayı nasıl kullanmaya niyetlisiniz?

İpucu: İşe aşırı borçla fazla yüklenmeyi planlamayın. Borç çekici görünebilir—hazır para!—ama aşırı borç, şirketin büyüme yeteneği üzerinde ağırlık yapabilir.

Laszlo, ÖİŞ'nin finansal planını yazmaya, sermaye ihtiyaçlarını—ne kadar para bulmaya çalıştıklarını—ve paranın nasıl kullanılacağını (sistem geliştirme, pazarlama masrafları, ortak edinme programları ve benzerleri için) ifade ederek başlar.

Finansal Plan

Sermaye ihtiyaçları

Şu anda şirket, toplam iki yüz elli bin dolar (250.000$) toplamaya çalışıyor. Mevcut öngörülere göre şirket, finans bulma konusunda kendisinin ilk aşamada topladığı seksen dört bin dolarla (84.000$) birlikte bu ilerlemenin iş planını başarmak için yeterli olacağına inanıyor. Faaliyete başladıktan altı ay sonra Şirket, tüm faaliyet, pazarlama ve ürün geliştirme maliyetlerine şirket içinden fon verebilir durumda olacak.

Şirket, aşağıda gösterildiği gibi, faaliyetin ilk altı ayı esnasında 334.000 dolar kullanmayı düşünüyor:

- Sistem geliştirme ve programlama için 45.000 dolar
- Pazarlama giderleri için 200.000 dolar
- Geleceğe yönelik ürün geliştirmeye, tanıtıma ve ortak edinme programlarına finansman bulmak üzere işletme sermayesi için 89.000 dolar

Finansal öngörülerin özeti

Finansal plan, ilk yıl satışlarını 11,74 milyon dolar, brüt marjı yüzde 60'ın üzerinde ve vergilerden önceki net marjı yaklaşık yüzde 42 olarak sergilemektedir. Şirket, faaliyetin ilk altı ayından sonra kârlı bir hale geçmeyi ve o noktadan itibaren hep kârlı kalmayı beklemektedir. Diğer giderler, benzer sektör oranlarına göre, gelirin bir yüzdesi olarak bütçelenmiştir. Bu öngörülen rakamlar verildiğinde şirket, ürünün piyasaya sürülmesinden altı ay sonra kârlı ve artı nakit akışına sahip bir hale gelmeyi öngörmektedir. Finansal tahminlerin önemli sonuçları aşağıda özetlenmiştir:

	2008	2009	2010	2011	2012
Gelir ($)	11.744.628	33.826.076	39.624.551	43.587.006	47.945.706
Faaliyet kârı($)	4.923.821	14.549.719	16.963.578	18.723.261	20.660.335
Faaliyet marjı (%)	42	43	43	43	43
Net gelir ($)	4.922.779	14.547.754	16.963.451	18.723.180	20.660.302
Net marj (%)	42	43	43	43	43

Finansal öngörüler sunmak

Bu bölümde, üç ila beş yıllık bir dönem için gelir tablolarındaki önemli rakamları—gelir, faaliyet kârı, faaliyet marjı, net gelir, net marj—belirtmeli ve bunları açıklamalısınız. Şirketin ne zaman kârlı bir duruma geçmesini beklediğinizi belirtin.

İpucu: Yoğun hesaplamaları kendiniz yapın. Matematikçi olmasanız ve uzmanına danışsanız bile, o zorlu gelir tablosu ve bilanço hazırlama işini kendiniz yapın.

Finansal tablolar tahmini tablolardır—gelecekteki gelirin ne olacağına dair inandığınız şeydir. İşin finansal ilerleyişine dair en dürüst analizlerinizi temsil eder. Kâr zarar çizelgesi olarak da bilinen gelir tablosu, kâr marjlarını gösterir. Bilanço, işin belli bir andaki varlıklarına, öz sermayesi ve borçlarına dair bir resim sunar.

Okurlarınızın çoğu, gelir tablosu özetine ek olarak nakit akış tablosuyla da ilgilenecektir. Nakit akışının bir özetini dahil etmek, nakit ihtiyacının ve nakde erişilebilirliğin en yüksek olacağı zamanları göstermek, planınızın nakit akışlarının değişkenliğine göre hesaplandığını kanıtlayacaktır.

İpucu: İşiniz faaliyete yeni başlayacak bir teşebbüsse, finansal planınızda özellikle nakit akışına büyük dikkat gösterin. Her ne kadar insanların çoğu ilk önce kârı düşünse de, nakit akışı, yeni başlayacak bir iş için daha önemli olabilir.

Nakit akışı genellikle üç aylık veya aylık temelde hazırlanır.

Varsayımlarınızı açıkça belirtmek

Öngörülen sektör ve pazar büyüme oranlarına dair varsayımlarınızı belirtin. Daha sonra, değişken ve sabit maliyet, satışların büyüme oranı, sermaye maliyeti ve dönemsel nakit akışı dalgalanmaları gibi işin şirket içi değişkenleri hakkındaki varsayımlarınızı verin.

Varsayımlarınız, finansal planlarınızın temel desteğidir. Sektör deneyimleri sınırında gerçekçi olmalıdır. Ek olarak daha detaylı bir dizi varsayım içerin. Varsayımlarınızı belgelediğinizden emin olun. Belli bir büyüme oranını veya dağıtım maliyetini tercih etmede kullandığınız kaynak ve kanıtlarınızı, uzman fikirlerini ve kendi mantığınızı söyleyin. ÖİŞ'nin varsayımları aşağıda gösterilmiştir:

Varsayımlar

Finansal öngörüler, internet ve özel OSP abonelerine dair bugünkü sektör tahminlerine, birincil ve ikincil pazar araştırması verilerine ve ürünün pazara nüfuzuyla satış büyümesine dair tahminlere dayanmaktadır. Varsayımlar hakkında daha detaylı bilgi, 2008 ile 2012 yılları arası için hazırlanmış tablolarda bulunabilir. Bu tablolar arasında varsayımların detaylı bir analizinin yanı sıra öngörülen gelir tablosu, bilanço ve nakit akışı bulunmaktadır.

Gelirler, yeni müşterilerin kaydedilmesi ve ek arama dakikaları satışı sonucu ortaya çıkanları kapsar. Dakika-başı temelinde hesaplanan satılan malların maliyeti, kredi kartı faturalandırmasıyla ilgili tüm ücret ve bedellerin yanı sıra uzak-mesafeyle ilgili tüm satın alma, satma ve faturalandırma hizmetlerini kapsar. Pazarlama ve satış giderleri, stratejik ortaklarla gelir paylaşımından ortaya çıkanların yanı sıra reklam, halkla ilişkiler ve tanıtımlarla ilgili maliyetleri kapsar. Şirket, işin doğasından ötürü envanter taşımayacak ve asgari bir imalat genel gideriyle faaliyet gösterecektir.

Satışlar için başa baş noktası analizi yapmak

Önceden de gördüğünüz gibi, başa baş noktası, işin ne para kaybettiği ne de para kazandığı andır. Bu, işin kârlı olmaya başladığı esas noktadır. Peki, iş teşebbüsünün başa baş noktasına ulaşması altı ay mı yoksa iki yıl mı alacak? İş planınızın okurları, başa baş noktasının ne zaman ve hangi seviyede belireceğini bilmek isteyeceklerdir.

Satışlar için başa baş noktası şu şekilde hesaplanır:

$$\text{Başa baş noktası} = \frac{\text{Sabit Maliyet}}{(\text{Satışlar–Değişken Maliyetler})/\text{Satışlar}}$$

Sabit maliyetler, satışlar yükseldiğinde veya azaldığında değişmeyen maliyetlerdir (örneğin tesislerin kirası), değişken maliyetlerse satışlar oranında değişir (örneğin hammaddeler). Bu hesaplama, iş planınızın eklerinde gösterilebilir.

Risk ve ödülü değerlendirmek

Risk, geleceğin belirsizliğidir. En dikkatli planlama ve en mantıklı varsayımlarla bile, yarın, önümüzdeki ay veya önümüzdeki sene ne olacağını öngöremezsiniz. Her seviyede plan yapmak—iş çevresini anlamak, faaliyet planı ve pazarlama planı geliştirmek—teşebbüsün riske açıklığını azaltmanın en iyi yoludur, ancak hiçbir zaman riski tümüyle ortadan kaldıramazsınız.

ŞEKİL 1

Risk/getiri grafiği

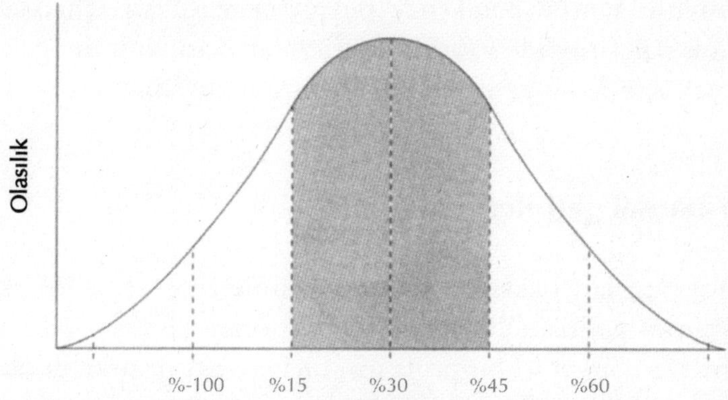

Her teşebbüste gerçek risk vardır—başarısızlık riski ve ödül olasılığı. Okurlarınız, risk seviyesi değerlendirmenizi bilmek isteyeceklerdir. Başarısızlık riskinden nasıl kaçınmayı planladığınızı ve başarı şansınızı nasıl artırmayı planladığınızı bilmek isteyeceklerdir. Bir risk/getiri grafiği, okurlarınıza, hızlı bir şekilde başarısızlık, öngörülen getiri seviyelerini elde etme ve olağanüstü bir başarı şansı olasılıklarını gösterecektir.

Risk/getiri grafiği yatırımcılara, muhtemel sonuçların olasılıklarını gösterir. Her şeyi kaybetme riski, tıpkı çok yüksek bir getiri şansı gibi çok düşüktür. En olası sonuç, yüzde 15'lik (belki) kabul edilebilir bir getiriden, en olası getiri olan yüzde 30'a ve yüzde 45'lik bir olası getiri oranına uzanan, çan eğrisinin altındaki taralı alandır. Teşebbüsün temel risklilik durumuna bağlı olarak (petrol kuyusu açmak, perakende bir giyim mağazası açmaktan çok daha risklidir) yatırımcılar, zarar olasılığını dengelemek için farklı getiri oranlarına ihtiyaç duyabilirler.

Finansal getirileri öngörmek

Yatırımcılar, beklenen finansal getirileri de—tipik olarak yatırım getirisi (YG) veya iç getiri oranı (İGO)—bilmek isterler. Şirket içi bir proje için finansal getiri, şirketin olası en düşük getiri oranını—tüm projelerden beklenen asgari getiri oranı—aşmalıdır. Riskli bir yeni başlayan iş için yatırımcılar genellikle, yüksek seviyedeki zarar riskini telafi etmek için daha yüksek bir getiriye ihtiyaç duyarlar.

Yatırım getirisini hesaplamak için net faaliyet gelirini toplam yatırımlara bölün. Örneğin:

45.000$ / 300.000$ = 0,15 veya %15 YG

Yatırım getirisi ne kadar yüksek olursa, şirket, kâr üretmek için sermayesini kullanmada o kadar verimli olur.

Yüzde 50'lik bir iç getiri oranını—bir yatırımcının riskli bir yatırımdan bekleyebileceği getiri—hesaplamak için şu formülü kullanın:

GD = yatırım x (1 + 0,5)?

GD, gelecekteki değer; *yatırım*, yatırımın dolar miktarı; ve *n*, getiriyi elde etmek için gereken yılların sayısıdır.

Finansal enformasyonun tamamı—varsayımlar, gelir tabloları, nakit akış tabloları, bilançolar, kaynaklara ve kullanımlarına dair tablolar—iş planınızın eklerinde yer almalıdır.

Ekler ve Kilometre Taşları

Ekleri sunmak

Ekler, iş planının sonunda yer alır ve okura, planın tüm ağırlığı altında ezilmeden ek enformasyon sunmak gibi kullanışlı bir amaca hizmet ederler. Burası, finansal planı, üretim planının teknolojik özelliklerini ve yönetim ekibinin her üyesinin özgeçmişlerini kapsayabileceğiniz yerdir.

Kilometre taşlarını belirtmek

İşin gelişimindeki önemli olayların listesini veren bir kilometre taşları planını da dahil edebilirsiniz. Bu, okurunuza, başarılı bir iş yaratmanın zaman çizelgesine dair bir bakış açısı verme hizmeti görür. Kilometre taşları planınızı oluşturmak için şu stratejileri uygulayın:

- Tek tek her adımı değil, sadece önemli olayları ele alın.
- Açık bir şekilde tanımlanabilen ve kolaylıkla ölçülen kilometre taşlarını tercih edin—sözgelimi, "prototip geliştirme," "bilgisayar sisteminin kurulması," "pazar testinin tamamlanması" veya "müşteriye ilk satış."

ŞEKİL 2

Kilometre taşları zaman çizelgesi

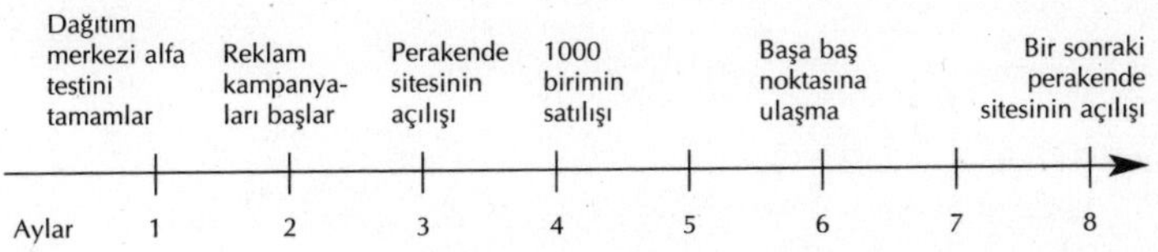

- Kesin tarihlerden ziyade "altıncı ay" veya "birinci yıl" gibi genel tarihler kullanın.
- Beklenmeyenler için kendinize yer ayırın. Sizi yavaşlatacak bir sorunun ne zaman ortaya çıkacağını asla bilemezsiniz.
- Diğer yandan, karşılayabileceğiniz hırslı bir program geliştirin. Bu, yatırımcıları etkiler ve şöhretinizi geliştirir.

İpuçları ve Araçlar

İş Planı Oluşturmak İçin Araçlar

Proforma Finansal Paket (Giriş)

İçindekiler

Giriş	Bu sayfa
Baz Alınan Yıl	İlk-yıl tahminlerinin/gerçek verilerinin veri giriş sayfası
Varsayımlar	Başlıca kalemlerle ilgili varsayımların veri giriş sayfası
Gelir Tablosu	Proforma Gelir Tablosu
Bilanço	Proforma Bilanço
Nakit Akışı	Proforma Nakit Akışı
Gelir Tablosu Çizelgesi	Öngörülen Gelir Tablosu Çizelgesi
Bilanço Çizelgesi	Öngörülen Bilanço Çizelgesi
Nakit Akışı Çizelgesi	Öngörülen Nakit Akışı Çizelgesi
Kümülatif Serbest Nakit Akışı Çizelgesi	Serbest Nakit Akışı Çizelgesi

Genel bakış

Gelecek için plan yapmak, yöneticilerin çok fazla zaman harcadıkları bir şeydir. Pazarlama yeni ürünleri planlar, imalat malzeme ihtiyaçlarını planlar ve finans da şirketin günlük faaliyetleri için ne kadar paraya ihtiyaç duyacağını planlar. İşte burası, finansal öngörülerin başladığı yerdir. Bir şirketin parası bittiğinde, uzun vadede kendisini finanse etmek için piyango kazanmak dışında yapabileceği hiçbir şey yoktur. Yöneticiler, proforma finansal tahminler geliştirerek, finans ihtiyaçlarını tahmin edebilir ve buna uygun olarak planlar yapabilirler. Finansal modelleme yoluyla yöneticiler, model girdilerini değiştirip sonuçları gözlemleyerek daha iyi ya da daha kötüsü için "ya-olursa" senaryoları hazırlarlar. Proforma model aracı, bu yaklaşımı kullanarak şirketleri inşa edip analiz etmenize yardımcı olur.

Proforma tahminlerin temel kullanım alanlarından biri, şirketin gelecekteki şirket dışı finans ihtiyaçlarını tahmin etmektir. Bu, yöneticilerin, önemli nakit girişlerini, onlar normal şirket faaliyetlerini etkilemeden önce araştırmalarına imkân verir. Finansal tabloları öngörmenin çok sayıda yöntemi vardır; bunlardan biri, satış-yüzdesi yöntemidir. Bu basit ama etkin yaklaşım, gelir tablosu ve bilanço rakamlarının pek çoğunu gelecekteki satışlara bağlamayı içerir. Bu sistem iyi çalışır, çünkü değişken maliyetlerin ve cari varlıklarla borçların pek çoğu, az çok doğrudan satışlara göre değişir. Bu kuralın istisnaları vardır, ama amaçlarımız (ve bu model) için, kalemlerin pek çoğu, satış gelirlerindeki yıllık büyümeye bağlı olarak değişir.

Bu aracın hedefi, bir işin basit proforma gelir tablosu, bilanço ve nakit akışının oluşturulmasında size kılavuzluk etmektir. Sonuçlarınız basit olacaktır; daha ileri bir öngörü için daha karmaşık bir finansal planlama aracı benimsemeniz gerekebilir. Ancak bu araç, bir işin ekonomisinin somut ilk kavrayışını ve genel anlamda öngörülerini geliştirmenize yardımcı olacaktır.

Görevinizi mümkün olduğunca kolaylaştırmak için çalışma kitabı sizden, çok sayıda ilk finansal rakam sunmanızı isteyecektir. Daha sonra, girdilerinizden çıkardığı çok temel varsayımları kullanarak finansal tablolarınızı ve öngörülerinizi oluşturacaktır. Daha sonra, öngörülerinizi düzeltmek için varsayımlarınızı değiştirme ihtiyacı hissederseniz, bunu yapmalısınız.

Başlamadan önce, çalışma kitabındaki çeşitli sayfalara şöyle bir bakın. İşiniz bittiğinde sonuçlarınızın nasıl görüneceğine dair size bir fikir vermek için bazı örnek veriler sunduk.

Talimatlar

Bu talimatlar, bu araçtaki çalışma formlarının her birinin bileşenlerine dair genel bir tanıtım yapar. Daha detaylı talimatlar için farenizi, araç boyunca yerleştirilmiş kırmızı CellTips'in üzerine getirin.

Bu talimatları, bu aracın referans kılavuzu olarak basmak isteyebilirsiniz.

Baz Alınan Yıl

Bu, analiz ettiğiniz şirket hakkında veriler girmek konusunda başlangıç noktanızdır. Çalışma kitabı, öngörülerinizi oluşturmak için belli girdilere ihtiyaç duyacaktır. Model, yeni bir şirket başlattığınızı varsayar; ancak, Baz Alınan Yıl şirketin var olmaya başladığı ilk yılı veya son gerçek veriler yılını temsil edebilir. İlk yılın finansal durumunun nasıl olacağına dair iyi tahminler yürütün ve şirket için geçerli olan tüm beyaz kutuları doldurun (eğer bir ihtimal geçerli değilse, onu boş bırakın). Şablon boyunca taralı olan kutuların hesaplanmış kutular olduğunu ve bu aşamada üzerlerine yazılmaması gerektiğini not edin.

Varsayımlar

Bu sayfa model için çok sayıda bir varsayımlar listesi içerir ve bunların hepsi, var olan değerlerin üzerlerine yazılarak değiştirilebilir. Değiştireceğiniz herhangi bir varsayım, takip eden yıllar boyunca sürecektir.

Gelir Tablosu – Bilanço - Nakit Akışı

Bunlar, Baz Alınan Yıl ve varsayım girdilerinizin birincil çıktı raporlarıdır. Öngörülerinizin nasıl göründüğüne bakmak için bu sayfaları gözden geçirin.

Gelir Tablosu Çizelgesi - Bilanço Çizelgesi
Nakit Akışı Çizelgesi - Kümülatif Serbest Nakit Akışı Çizelgesi

Bu çizelgeler, ilgili raporların her birindeki çıktıları yansıtır. Öngörülerinizin çıktılarını grafik şeklinde görmek için bu sayfaları gözden geçirin.

Eğer öngörülerinizde düzeltmeler yapmak istiyorsanız, bunu iki yolla yapabilirsiniz.

Baz Alınan Yıl sayfasına girmiş olduğunuz verilerden herhangi birini değiştirebilirsiniz.
Varsayımlar sayfasına girmiş olduğunuz verilerden herhangi birini değiştirebilirsiniz.

Herhangi bir varsayımı veya taralı kutulardan herhangi birini değiştirdiğinizde sizin için varsayımları şu anda otomatik olarak hesaplamış olan formülleri yeniden yazdığınızı aklınızda tutun. Bu, çalışma kitabının doğruluğunu etkilemeyecektir. Eğer daha sonra, otomatik hesapları kullanmayı tercih ettiğinize karar verirseniz, çalışma dosyanızı kapatıp şablonu yeniden açarak yeni baştan başlamanız gerekecektir.

Eğer şablondaki formüllerde değişiklikler yapmayı istediğinize karar verirseniz, ilkönce sayfanın korunmasını kaldırmanız gerekecektir. Bunu yapmak için Araçlar/Koruma... bölümüne gidin ve "Sayfanın Korunmasını Kaldır"ı seçin. Değişikliklerinizi yapınca, Araçlar/Koruma... bölümüne gidip "Sayfayı Koru"yu seçerek sayfayı yeniden koruyun. Bunu yaptıktan sonra bir şifre koyabilir veya sadece Enter'a basarak şifre olmadan sayfayı yeniden koruyabilirsiniz.

Yeni başlayan bir işte belirebilecek "dairesel başvuru" hata mesajı, analizleri uygulamak için gerekli olan yinelemeli hesapların bir sonucudur. Hata mesajını devre dışı bırakmak için Araçlar/Seçenekler menüsünü tıklayın, Hesaplama sayfasına gidin ve "Yineleme" kutusunu tıklayın.

Başlamak için "Baz Alınan Yıl"ı tıklayın.

Bu araca erişmek için İnternet Explorer kullanımına dair notlar

İnternet Explorer yoluyla bu araca erişiyorsanız, aracı başlatmadan önce ilk olarak onu kendi makinenize indirmeniz önemlidir. Aksi halde araç, metin sunucunun içinde çalışıp öngörülemeyen Excel davranışlarıyla sonuçlanabilir.

Profesör William Sahlman bu yazılımı, idari bir durumun ne etkin ne de etkin olmayan bir ele alınış biçimini göstermek için değil, sınıfındaki tartışmalara bir temel olması için geliştirmiştir. John DeFriese, MBA '00 ve Chad Ellis, MBA '98, HBS Alet Takımının bir parçası olarak bunu değiştirmişlerdir.

İŞ PLANI OLUŞTURMAK

Proforma Finansal Paket (Baz Alınan Yıl)

Verileri bin dolar olarak giriniz

Baz Alınan Yıl	2007
Gelir Tablosu	
Ciro	2.000
Yıllık Ciro Büyüme Oranı	%20
Satılan Malların Toplam Maliyeti	900
Brüt Marj	1.100
Satış Giderleri	300
Pazarlama Giderleri	100
Genel ve İdari Giderler	100
Diğer Giderler 1	0
Diğer Giderler 2	0
Diğer Giderler 3	0
Diğer Giderler 4	0
Toplam Faaliyet Giderleri	500
Amortisman Varsayımı	5 yıl – düz çizgi
Amortisman Gideri	200
Faaliyet Kârı	400
Diğer Gelir (Gider)	0
Faiz Geliri	3
Faiz Gideri	16
Vergi Öncesi Gelir	387
Gelir Vergisi Oranı	%20
Gelir Vergisi	77
Net Gelir	310
Rüçhanlı Temettüler	0
Adi Temettüler	0

Bilanço	
..den Başlayarak	12/31/07
Varlıklar	
Faaliyet Nakdi	50
Pazarlanabilir Menkul Kıymetler	60
Alacaklılar Hesabı	80
Stok	40
Diğer Cari Varlıklar	100
Toplam Cari Varlıklar	330
Brüt Tesis ve Ekipman	1.000
Birikmiş Amortisman	100
Net Tesis ve Ekipman	900
Diğer Uzun Vadeli Varlıklar	100
Toplam Uzun Vadeli Varlıklar	1.000
Toplam Varlıklar	1.330
Borçlar	
Borçlular Hesabı	50
Kısa Vadeli Borçlar	80
Vadesi Gelen Borçlar	15
Ödenecek Vergiler	5
Diğer Cari Borçlar	40
Toplam Cari Borçlar	190
Uzun Vadeli Borç	120
Uzun Vadeli Borcun Vadesi	8 yıl
Diğer Uzun Vadeli Borçlar	65
Toplam Uzun-Vadeli Borçlar	185
Rüçhanlı Hisse Senedi	0
Ortak Sermaye Fazlası	455
Dağıtılmamış Kârlar	0
Hissedar Öz Sermayesi	455
Toplam Borçlar ve Hissedar Öz Sermayesi	830

Nakit Akışı Analizi	
Sermaye Masrafı	500
Faiz gelir oranı	%5
Faiz gider oranı (kısa vade)	%8
Faiz gider oranı (uzun vade)	%7

İŞ PLANI OLUŞTURMAK

Proforma Finansal Paket (Varsayımlar)

	Baz Alınan Yıl	1. Yıl	2. Yıl	3. Yıl	4. Yıl	5. Yıl
	2007	2008	2009	2010	2011	2012
Yıllık Ciro Büyüme Oranı		%20,0	%20,0	%20,0	%20,0	%20,0
Ciro	2.000	2.400	2.880	3.456	4.147	4.977
Ciro Yüzdesi Olarak Satılan Malların Maliyeti	%45,0	%45,0	%45,0	%45,0	%45,0	%45,0
Satış Giderleri	%15,0	%15,0	%15,0	%15,0	%15,0	%15,0
Pazarlama Giderleri	%5,0	%5,0	%5,0	%5,0	%5,0	%5,0
Genel ve İdari Giderler	%5,0	%5,0	%5,0	%5,0	%5,0	%5,0
Diğer Giderler 1	%0,0	%0,0	%0,0	%0,0	%0,0	%0,0
Diğer Giderler 2	%0,0	%0,0	%0,0	%0,0	%0,0	%0,0
Diğer Giderler 3	%0,0	%0,0	%0,0	%0,0	%0,0	%0,0
Diğer Giderler 4	%0,0	%0,0	%0,0	%0,0	%0,0	%0,0
Ciro Yüzdesi Olarak Diğer Gelir (Gider)	%0,0	%0,0	%0,0	%0,0	%0,0	%0,0
Faiz Gelir Oranı	%5,0	%5,0	%5,0	%5,0	%5,0	%5,0
Faiz Gider Oranı (Kısa Vade)	%8,0	%8,0	%8,0	%8,0	%8,0	%8,0
Faiz Gider Oranı (Uzun Vade)	%7,0	%7,0	%7,0	%7,0	%7,0	%7,0
Gelir Vergi Oranı	%20,0	%20,0	%20,0	%20,0	%20,0	%20,0
Rüçhanlı Temettü Oranı	%0,0	%0,0	%0,0	%0,0	%0,0	%0,0
Ortak Temettü Ödemesi Oranı	%0,0	%0,0	%0,0	%0,0	%0,0	%0,0
Ciro Yüzdesi Olarak Faaliyet Nakdi	%2,5	%2,5	%2,5	%2,5	%2,5	%2,5
Ciro Yüzdesi Olarak Alacaklılar Hesabı	%4,0	%4,0	%4,0	%4,0	%4,0	%4,0
Alacak Tahsil Süresi	15	15	15	15	15	15
Satılan Malların Maliyetinin Yüzdesi Olarak Stok	%4,4	%4,4	%4,4	%4,4	%4,4	%4,4
Stok Günleri	16	16	16	16	16	16
Ciro Yüzdesi Olarak Diğer Cari Varlıklar	%5,0	%5,0	%5,0	%5,0	%5,0	%5,0
Sermaye Masrafi	500	380	452	546	667	822
Ciro Yüzdesi Olarak Diğer Uzun Vadeli Varlıklar	%5,0	%5,0	%5,0	%5,0	%5,0	%5,0

	Baz Alınan Yıl	1. Yıl	2. Yıl	3. Yıl	4. Yıl	5. Yıl
	2007	2008	2009	2010	2011	2012
Satılan Malların Maliyetinin Yüzdesi Olarak Alacaklılar Hesabı	%5,6	%5,6	%5,6	%5,6	%5,6	%5,6
Ödeme Süresi	20	20	20	20	20	20
Kısa Vadeli Borç	80	80	80	80	80	80
Uzun Vadeli Borçların Vadesi Gelenler	15	15	15	15	15	15
Uzun Vadeli Borç	120	105	90	75	60	45
Vergilerin %'si Olarak Ödenecek Vergiler	%6,5	%6,5	%6,5	%6,5	%6,5	%6,5
Ciro Yüzdesi Olarak Diğer Cari Borçlar	%2,0	%2,0	%2,0	%2,0	%2,0	%2,0
Ciro Yüzdesi Olarak Diğer Uzun Vadeli Borçlar	%3,3	%3,3	%3,3	%3,3	%3,3	%3,3
Rüçhanlı Hisse Senedi	0	0	0	0	0	0
Ortak Sermaye Fazlası	455	455	455	455	455	455

Amortisman Tabloları: **Tahminler: 5 yıl – düz çizgi**

Yıl	Sermaye Masrafları	Baz Alınan Yıl	1	2	3	4	5	6
1	380			76	76	76	76	76
2	452				90	90	90	90
3	546					109	109	109
4	667						133	133
5	822							164
Yıllık Amortisman			200	236	286	356	449	573
Net Tesis ve Ekipman		900	1.080	1.296	1.555	1.866	2.239	0

İŞ PLANI OLUŞTURMAK

Proforma Finansal Paket (Gelir Tablosu)

Veriler bin dolar olarak gösterilmiştir

	Baz Alınan Yıl	**1. Yıl**	**2. Yıl**	**3. Yıl**	**4. Yıl**	**5. Yıl**
	2007	2008	2009	2010	2011	2012
Ciro	2.000	2.400	2.880	3.456	4.147	4.977
Satılan Malların Maliyeti	900	1.080	1.296	1.555	1.866	2.239
Brüt Marj	1.100	1.320	1.584	1.901	2.281	2.737
Satış Giderleri	300	360	432	518	622	746
Pazarlama Giderleri	100	120	144	173	207	249
Genel & İdari Giderler	100	120	144	173	207	249
Diğer Giderler 1	0	0	0	0	0	0
Diğer Giderler 2	0	0	0	0	0	0
Diğer Giderler 3	0	0	0	0	0	0
Diğer Giderler 4	0	0	0	0	0	0
Toplam Faaliyet Giderleri	500	600	720	864	1.037	1.244
Amortisman Gideri	200	236	286	356	449	573
Faaliyet Kârı	400	484	578	681	795	920
Diğer Gelir (Gider)	0	0	0	0	0	0
Faiz Geliri	3	2	0	1	8	20
Faiz Gideri	16	28	33	19	12	11
Vergi-Öncesi Gelir	387	458	545	663	791	929
Gelir Vergisi	77	92	109	133	158	186
Net Gelir	310	366	436	530	633	743
Rüçhanlı Temettüler	0	0	0	0	0	0
Adi Temettüler	0	0	0	0	0	0

Proforma Finansal Paket (Bilanço)

Veriler bin dolar olarak gösterilmiştir

	Baz Alınan Yıl	**1. Yıl**	**2. Yıl**	**3. Yıl**	**4. Yıl**	**5. Yıl**
	2007	2008	2009	2010	2011	2012
Varlıklar						
Faaliyet Nakdi	50	60	72	86	104	124
Pazarlanabilir Menkul Kıymetler	60	0	0	39	273	541
Alacaklılar Hesabı	80	96	115	138	166	199
Stok	40	48	58	69	83	100
Diğer Cari Varlıklar	100	120	144	173	207	249
Toplam Cari Varlıklar	330	324	389	505	833	1.212
Net Tesis ve Ekipman	900	1.080	1.296	1.555	1.866	2.239
Diğer Uzun Vadeli Varlıklar	100	120	144	173	207	249
Toplam Uzun Vadeli Varlıklar	1.000	1.200	1.440	1.728	2.074	2.488
Toplam Varlıklar	1.330	1.524	1.829	2.233	2.906	3.701
Borçlar						
Borçlular Hesabı	50	60	72	86	104	124
Kısa Vadeli Borç	80	80	80	80	80	80
Vadesi Gelen Borç	15	15	15	15	15	15
Ödenecek Vergiler	5	6	7	9	10	12
Diğer Cari Borçlar	40	48	58	69	83	100
Toplam Cari Borçlar	190	209	232	259	292	331
Uzun Vadeli Borç	120	105	90	75	60	45
Diğer Uzun Vadeli Borç	65	78	94	112	135	162
Toplam Uzun Vadeli Borç	185	183	184	187	195	207
Sermaye Fazlası Borçlar	0	311	157	0	0	0
Rüçhanlı Hisse Senedi	0	0	0	0	0	0
Ortak Sermaye Fazlası	455	455	455	455	455	455
Dağıtılmamış Kârlar	0	366	802	1.332	1.965	2.708
Hissedar Öz Sermayesi	455	821	1.257	1.787	2.420	3.163
Toplam Borçlar ve Hissedar Öz Sermayesi	830	1.524	1.829	2.233	2.906	3.701
Bilanço-İçi Testi	500	0	0	0	0	0

İŞ PLANI OLUŞTURMAK

Proforma Finansal Paket (Nakit Akışı)

Veriler bin dolar olarak gösterilmiştir

	Baz Alınan Yıl	**1. Yıl**	**2. Yıl**	**3. Yıl**	**4. Yıl**	**5. Yıl**
	2007	2008	2009	2010	2011	2012
Ciro	2.000	2.400	2.880	3.456	4.147	4.977
Faiz ve Vergilerden Önceki Kazançlar	400	484	578	681	795	920
Eksi Vergi Risk Toplamı	80	97	116	136	159	184
Faizden Önceki ve Vergiden Sonraki Kazançlar	320	387	462	545	636	736
Artı Amortisman	200	236	286	356	449	573
Faaliyet Nakit Akışı	520	623	748	901	1.085	1.309
Faaliyet İşletme Sermayesi	175	210	252	302	363	436
Eksi Faaliyet İşletme Sermayesindeki Artış (Azalış)	0	35	42	50	61	73
Artı Diğer Uzun Vadeli Borçlardaki Artış (Azalış)	0	13	16	19	22	27
Eksi Diğer Uzun Vadeli Varlıklardaki Artış (Azalış)	0	20	24	29	35	41
Eksi Sermaye Masrafları	500	380	452	546	667	822
Serbest Nakit Akışı	20	201	246	295	346	400
Eksi Vergi Sonrası Faiz Gideri (Geliri)	10	21	26	15	4	(7)
Eksi Borcun Amortismanı	15	15	15	15	15	15
Eksi Toplam Temettüler	0	0	0	0	0	0
Şirket Dışı Finans Fazlası (Açığı)		165	205	265	327	392

Proforma Finansal Paket (Gelir Tablosu Çizelgesi)

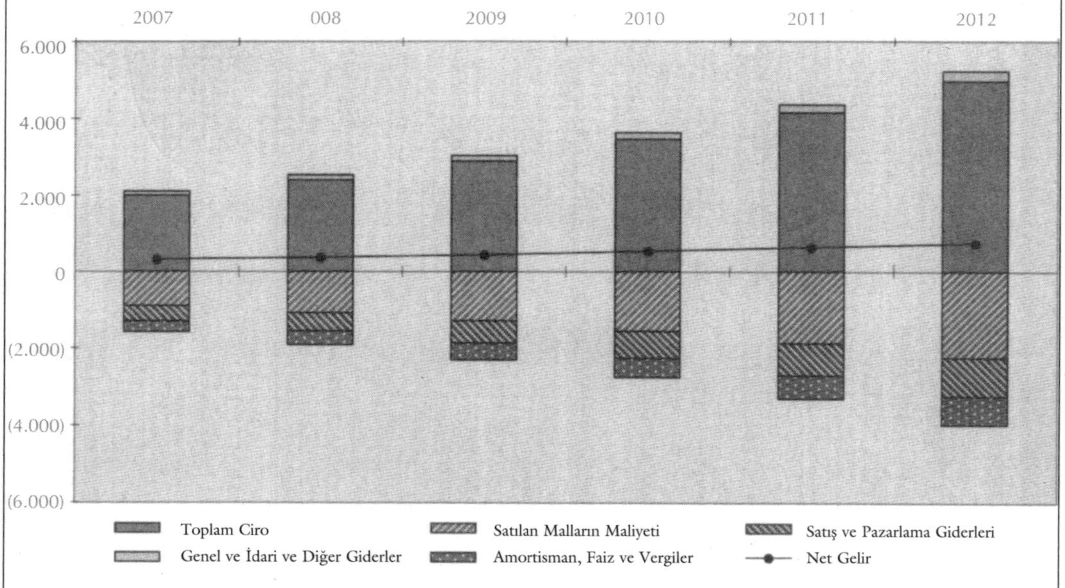

Proforma Finansal Paket (Bilanço Çizelgesi)

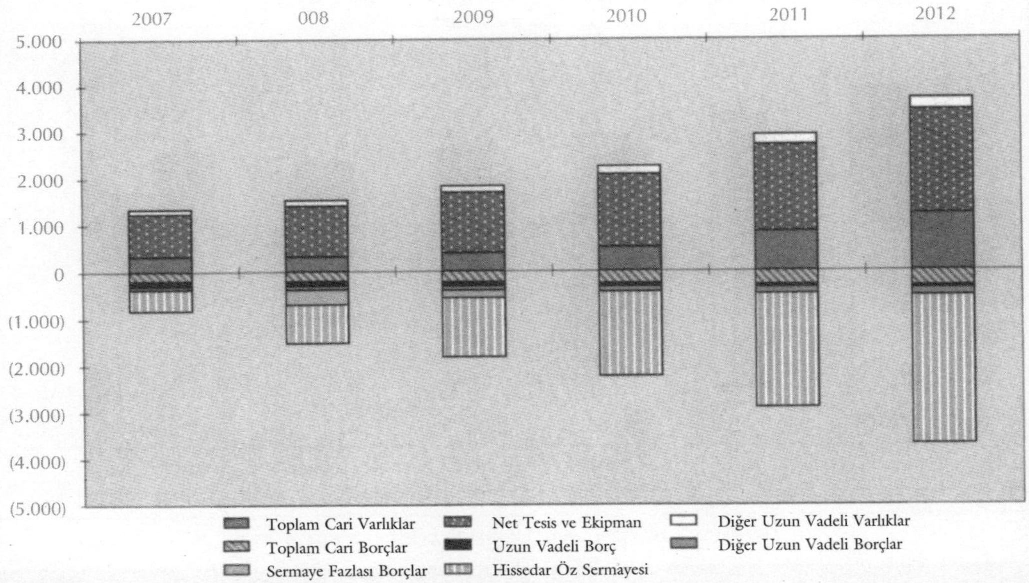

İŞ PLANI OLUŞTURMAK

Proforma Finansal Paket (Nakit Akışı Çizelgesi)

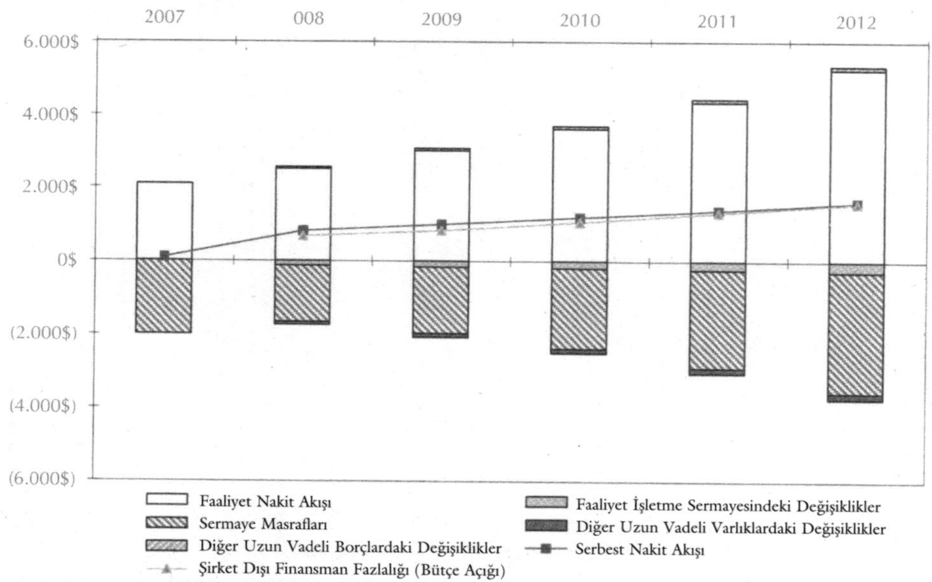

İŞ PLANI OLUŞTURMAK

Proforma Finansal Paket (Kümülatif Serbest Nakit Akışı Çizelgesi)

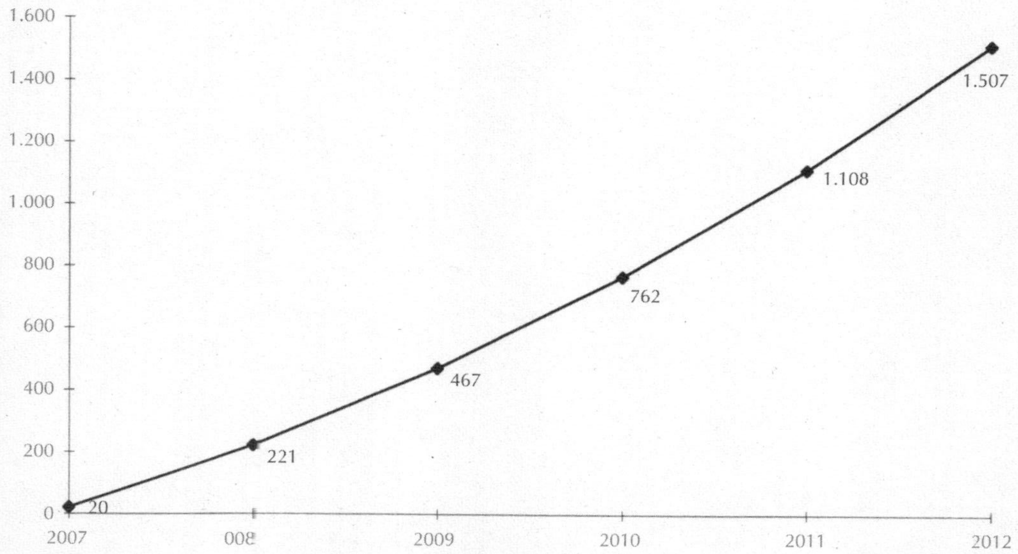

Kendinizi Sınayın

Bu bölüm, iş planı konusundaki bilginizin temellerini yoklamanıza yardımcı olmak üzere 10 adet çok seçenekli soru içeriyor. Bu soruların doğru yanıtları testin sonunda yer alıyor.

1. İş planınızın yönetici özeti bölümü, en iyi, planın geri kalanını çizmenizden sonra yazılır. Doğru mu yanlış mı?

a. Doğru.

b. Yanlış.

2. Bir iş planı tasarlıyorsunuz ve meslektaşlarınızla rakiplerinizin kimler olacağını tanımladınız. Aşağıdakilerden hangisi hakkında enformasyon sağlıyorsunuz?

a. Pazar.

b. Pazarlama karması.

c. Sektör.

3. Sektör analizleri ve pazar arasındaki örtüşme alanına ne denir?

   a. İş fırsatı.

   b. Dağıtım kanalı.

   c. Tanıtım stratejisi.

4. "Hammaddeler nasıl satılabilir mallara dönüşecek" türden, iş planının, faaliyetlerin günlük akışının ve iş çalışmasının ayrıntılarını veren bölümüne ne ad verilir?

   a. İdari özet.

   b. Pazarlama planı.

   c. İş tarifi.

   d. Faaliyet planı.

5. __________, bir şirketteki tüm projelerden beklenen asgari getiri oranıdır.

   a. Olası en düşük getiri oranı.

   b. Brüt marj.

   c. Yatırım getirisi.

6. İş veya teşebbüsünüzün, ne para kaybettiği ne de para kazandığı noktayı göstermenize yardımcı o labilecek finansal araç şudur:

a. Bilanço.

b. Başa baş noktası analizi.

c. Nakit akışı analizi.

7. Finansal planda, işinizin elde etmesini beklediğiniz kâr marjlarını gösteren bölümler şunlardır:

a. Proforma gelir tabloları.

b. Bilançolar.

8. İş planınızın kilometre taşları bölümünü geliştirirken, genellikle *şu hariç* her şeyi yapmanız tavsiye edilir:

a. Tek tek her adımı değil sadece büyük faaliyetleri içermek.

b. Tam tarihler kullanmak.

c. Beklenmeyen şeyler için programda zaman ayırmak.

d. Karşılayabileceğiniz iddialı bir program geliştirmek.

9. İş planınızın iş tarifi bölümünü yazarken, sağduyulu bir ton kullanmanız önerilir ve kendi coşkunuzu özete yansıtmaktan kaçınmanız tavsiye edilir. Doğru mu, yanlış mı?

a. Doğru.

b. Yanlış.

10. Tipik olarak iş planı, finansman sağlamayı garantilemek için bir kez yazılır ve faaliyetleri yönlendirmeye yardımcı olamayacağı için denetlenecek veya güncellenecek bir plan değildir. Doğru mu, yanlış mı?

a. Doğru.

b. Yanlış.

Test sorularının doğru yanıtları

1, a. Yönetici özeti, iş planınızın başlıca noktalarının kısa ve öz bir sunumu olacağı için, en iyisi en son yazılmasıdır. Eğer başlangıçta yazmaya kalkarsanız, muhtemelen daha sonra önemli gözden geçirmeler yapmak durumunda kalırsınız.

2, c. Sektör, ürün veya hizmetler üretip pazara satan bir grup şirkettir. Bu yüzden meslektaşlarınızın ve rakiplerinizin kimler olacağını belirler.

3, a. *Sektör* ve *pazar* terimleri, toplam iş çevresinin bölümlerini tarif ederler. Sektör ve pazar arasındaki kesişim alanı—müşteri ihtiyacıyla ürün veya hizmetin karşılaştığı o alan—iş fırsatınızı temsil eder.

4, d. Faaliyet planı, işin nasıl başarıyla tamamlanacağını, teklif ettiğiniz işi başarıya dönüştürecek kritik faaliyet etmenlerine odaklanarak göstermelidir.

5, a. Bir proje ya da teşebbüs, şirketin olası en düşük getiri oranını geçemezse, onay veya finansman alamaz.

6, b. Başa baş noktası, bir işin kâr etmeye başladığı esas andır. İş planının okurları, başa baş noktasının ne zaman ve satışların hangi seviyesinde ortaya çıkacağını bilmek isterler. Başa baş noktası analizi, bu enformasyonu sağlamanıza olanak verir.

7, a. Proforma gelir tabloları, işin finansal ilerleyişine dair en dürüst analizleri temsil eder. Kâr ve zarar çizelgeleri olarak da bilinen gelir tabloları, ciro, faaliyet marjı ve net gelirin yanı sıra beklenen kâr marjlarını da gösterir.

8, b. İş planınızın kilometre taşları bölümünde tam tarihler kullanmanız genellikle tavsiye edilmez. Daha çok, tam tarihler yerine altı ay veya bir yıl gibi genel tarihler kullanmalısınız. Her zaman belli tarihlere ihtiyaç olmaz ve bu size genel tarihlerden daha az bir manevra alanı bırakır.

9, b. Bir yandan iş planınızın iş tarifi bölümünde profesyonel, sağduyulu bir ton kullanmak isterken, bu bölüm aynı zamanda size, iş konseptinin başarılı bir teşebbüs olacağına dair coşkunuzun ve kanaatinizin bir kısmını dahil etme fırsatı da sağlar. Bu, konseptinizin değerini—işin başarıya dönüşeceğine neden inandığınızı—sunma şansınızdır.

10, b. Her ne kadar bazıları iş planını bir kere yazılıp rafa kaldırılacak değişmez bir belge olarak algılasa da, iş planı, işinizin ilerleyişini takip etmenize yardımcı olması için rutin olarak denetlenmeye ve güncellenmeye çok uygundur.